ENCUENTROS

¡Apúntate! 2

Método de español

Grammatikheft

Cornelsen

¡HOLA!

Wir kennen uns schon aus **¡Apúntate! 1** – erinnerst du dich? Ich bin Don Grama, der Grammatikexperte! Und ich werde dich auch in diesem Schuljahr wieder durch das Grammatikheft begleiten.

Du findest zu jedem Thema spanische Beispielsätze und ein übersichtliches Schema zum Lernen der Regel. In der gelben Spalte auf der rechten Seite stehen die Erläuterungen auf Deutsch. Und ich gebe dir immer wieder mal Tipps oder weise dich auf Besonderheiten hin.

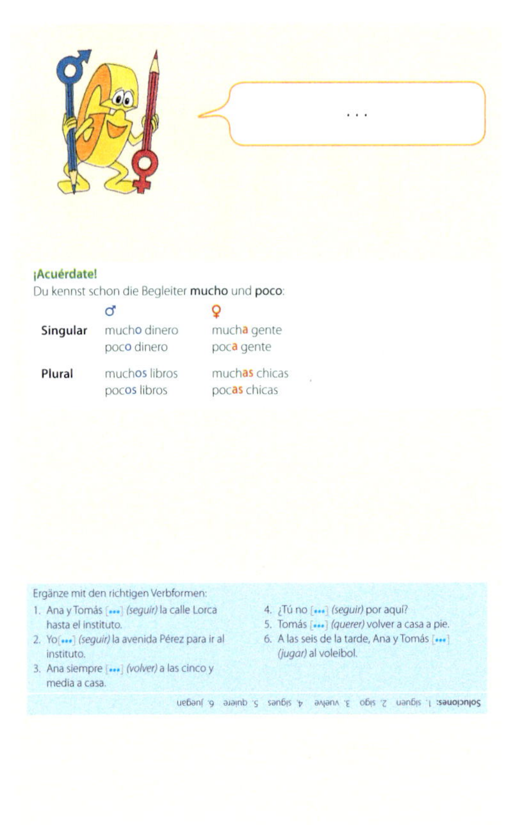

¡Acuérdate!
Du kennst schon die Begleiter **mucho** und **poco**:

	♂	♀
Singular	mucho dinero poco dinero	mucha gente poca gente
Plural	muchos libros pocos libros	muchas chicas pocas chicas

Ergänze mit den richtigen Verbformen:

1. Ana y Tomás [•••] *(seguir)* la calle Lorca hasta el instituto.
2. Yo[•••] *(seguir)* la avenida Pérez para ir al instituto.
3. Ana siempre [•••] *(volver)* a las cinco y media a casa.
4. ¿Tú no [•••] *(seguir)* por aquí?
5. Tomás [•••] *(querer)* volver a casa a pie.
6. A las seis de la tarde, Ana y Tomás [•••] *(jugar)* al voleibol.

Soluciones: 1. siguen 2. sigo 3. vuelve 4. sigues 5. quiere 6. juegan

Damit du nicht vergisst, was du schon in **¡Apúntate! 1** gelernt hast, findest du auf manchen Seiten die grünen **¡Acuérdate!**-Kästen. Hier kannst du grammatische Themen aus dem letzten Schuljahr auffrischen. Diese Kästen erscheinen immer dann, wenn es eine Verbindung zu dem neu gelernten Stoff gibt. Wenn du z. B. gerade einen neuen Begleiter gelernt hast, findest du im **¡Acuérdate!**-Kasten die Begleiter, die du schon aus **¡Apúntate! 1** kennst.

Die blauen Kästen am Ende eines jeden Paragrafen kennst du auch schon aus **¡Apúntate! 1**. Sie enthalten kurze Übungen zu dem jeweiligen Thema. So kannst du testen, ob du den neuen Grammatikstoff richtig verstanden hast. Damit du gleich selbst überprüfen kannst, ob du alles richtig gemacht hast, stehen die Lösungen direkt darunter.

Im Inhaltsverzeichnis auf den Seiten 3 bis 4 kannst du nachschlagen, welche Themen in den einzelnen **Unidades** behandelt werden. Wenn du gezielt nach einem bestimmten Begriff suchst, dann schaue im Index auf S. 54/55 nach. Dort findest du eine Liste mit allen grammatischen Begriffen, die in diesem Heft auftauchen. Die Seitenzahlen dahinter zeigen dir die Fundstelle an.

Viel Spaß beim Stöbern und Lernen!

¡Nos vemos!

1 EL CAMPAMENTO DE VERANO

2 EL PRIMER DÍA

3 UNA EXCURSIÓN

4 ASÍ ES LA VIDA

5 ¡VEN A CENTROAMÉRICA!

6 EN EL MUSEO

7 ¿QUIERES SER COMO ELLOS?

8 UN VIAJE POR ESPAÑA

9 COSAS DE LA VIDA

10 AMÉRICA LATINA

ANEXO

EL CAMPAMENTO DE VERANO

1 Die Verben jugar, venir und poner | Los verbos jugar, venir y poner

1.1 Das Verb jugar | El verbo jugar

	jugar	
Yo	**ue**go	con Pablo.
¡Oye! ¿Tú	**jue**gas	conmigo?
Ana	**jue**ga	**al** ordenador.
Nosotros	jugamos	**al** balonmano.
¿Vosotras	jugáis	**al** voleibol?
Ellos	**jue**gan	en el jardín.

Jugar ist ein Verb mit Stammvokalwechsel. **-u-** wird in einigen Formen zu **-ue-**. Das ist ähnlich wie bei **volver** (**o** → **ue**).

Bei Sportarten und Spielen – auch am Computer – steht **jugar** immer mit der Präposition **a**.

Pablo **juega** al fútbol.
… spielt …

! Diego **toca** la guitarra.
… spielt …

Im Spanischen gibt es zwei Verben für „spielen“: **jugar** und **tocar**.
Tocar verwendest du aber nur in Verbindung mit einem Musikinstrument.

Ergänze die Sätze mit Formen von **jugar** und den passenden Präpositionen:

1. Marta y Lola [...] [...] voleibol.
2. ¿Tú [...] [...] fútbol esta tarde?
3. Por la tarde yo siempre [...] [...] mi perro.
4. ¿Os gusta [...] [...] ordenador?
5. Los lunes Andres [...] [...] baloncesto [...] sus amigos.

Soluciones: 1. juegan al 2. juegas al 3. juego con 4. jugar al 5. juega al [baloncesto] con

1.2 Das Verb venir | El verbo venir

	venir
[yo]	**vengo**
[tú]	**vie**nes
[él / ella]	**vie**ne
[nosotros/-as]	venimos
[vosotros/-as]	venís
[ellos / ellas]	**vie**nen
! gerundio	v**i**niendo
! imperativo	**¡ven!**

Das Verb **venir** ist in der 1. Person Singular unregelmäßig und hat in einigen Formen einen Stammvokalwechsel von **-e-** zu **-ie-**. Der Imperativ im Singular und das **gerundio** sind unregelmäßig.

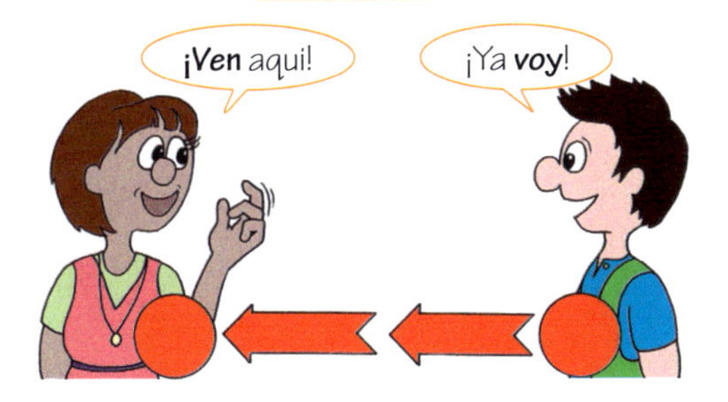

Venir kann auch „(her)kommen“ heißen. Für „(hin)kommen“ benutzt du im Spanischen das Verb **ir**.

¡Acuérdate!

Einige Verben mit Stammvokalwechsel kennst du schon:

	z. B. **querer** **e → ie**		z. B. **volver** **o → ue**
[yo]	qu**ie**ro	[yo]	v**ue**lvo
[tú]	qu**ie**res	[tú]	v**ue**lves
[él / ella]	qu**ie**re	[él / ella]	v**ue**lve
[nosotros/-as]	queremos	[nosotros/-as]	volvemos
[vosotros/-as]	queréis	[vosotros/-as]	volv**é**is
[ellos / ellas]	qu**ie**ren	[ellos / ellas]	v**ue**lven

1.3 Das Verb poner | El verbo poner

	poner	
Hoy yo	pon**go**	la mesa.
[tú]	pones	
[él / ella]	pone	
[nosotros/-as]	ponemos	
[vosotros/-as]	ponéis	
[ellos / ellas]	ponen	
! imperativo	**¡pon!**	

Das Verb **poner** ist nur in der 1. Person Singular sowie im Imperativ Singular unregelmäßig.

Übersetze. Überlege dabei genau, ob du eine Form von **venir** oder **ir** verwenden musst.

1. Pablo kommt von der Schule.
2. Ich komme schon!
3. – Kommst du zu mir nach Hause?
4. – Ja, ich komme zu dir.

Soluciones: 1. Pablo viene del colegio. 2. ¡Ya voy! 3. ¿Vienes a mi casa? 4. Sí, voy a tu casa.

2 Die indirekten Objektpronomen („Dativpronomen") | Los pronombres de complemento indirecto

2.1 Formen | formas

Mi hermano	**me**	cuenta un chiste.
Oye,	**te**	escribo un email, ¿vale?
El libro	**le**	gusta mucho a Ana.
Alicante	**nos**	encanta.
¿Qué	**os**	gusta?
Sus padres	**les**	compran un animal.

Esteban quiere un animal. Sus padres **le** compran un gato. *(ihm)*
Marisa tiene sed. Su madre **le** compra una horchata. *(ihr)*

Mis amigos no **me** escriben emails.
*Meine Freunde schreiben **mir** nicht.*

! Ana está hasta las narices. Su madre **le pregunta** muchísimo.

Die indirekten Objektpronomen heißen **me / te / le / nos / os / les**. Sie entsprechen meist den deutschen Dativpronomen „mir, dir, ihm / ihr, uns, euch, ihnen" und antworten auf die Frage „wem?".

Das Objektpronomen steht in der Regel vor dem konjugierten Verb.
Für die männliche und weibliche Form gibt es im Spanischen nur ein Pronomen: **le**.

Bei der Verneinung steht **no** vor dem Objektpronomen.

Das Verb **preguntar** wird im Spanischen mit dem indirekten Objekt (Dativ) angeschlossen!

2.2 Die Verdoppelung des indirekten Objekts | La reduplicación del complemento indirecto

Tomás **le** toma el pelo a su hermana.

Ana **les** escribe una carta a sus abuelos.

A mí **me** gustan las películas españolas.

¿A ti **te** gusta leer?

A Pablo **le** encanta jugar al fútbol.

A ella **le** encantan los cómics.

A nosotros no **nos** gusta la lluvia.

Wenn das indirekte Objekt hinter dem Verb steht, wird es meist schon vor dem Verb als Objektpronomen erwähnt: Ana les escribe … a sus abuelos.

Wenn das indirekte Objekt am Satzanfang steht, dann *musst* du es auf jeden Fall durch das indirekte Objektpronomen wieder aufnehmen: A mí me gusta …, A ella le encanta….

Vergiss nie das indirekte Objektpronomen vor **gustar** und **encantar**!

Ergänze mit den passenden indirekten Objektpronomen:

1. Emilio [...] cuenta todo. *(a Sarah y Pedro)*
2. Mi abuela [...] prepara un sándwich. *(a nosotros)*
3. ¿[...] escribes una carta? *(a ellos)*
4. ¿[...] gusta la película? *(a vosotros)*
5. A María [...] gusta leer revistas.
6. A Pedro y Ana [...] encanta hablar inglés.

Soluciones: 1. les 2. nos 3. Les 4. Os 5. le 6. les

3 Die Begleiter todo und otro | Los determinantes todo y otro

3.1 Der Begleiter todo

	♂	 ♀
Sing.	tod**o el** día	tod**a la** noche
Plural	tod**os los** días	tod**as las** noches

Die Begleiter **todo** und **otro** haben vier Endungen, die dem Nomen angeglichen werden. Das ist genauso wie bei den Adjektiven auf **-o**.

Nach dem Begleiter **todo** muss ein bestimmter Artikel oder ein Possessivbegleiter folgen.

todo el día – den ganzen Tag
todos los chicos – alle Kinder
todos los días – jeden Tag
todos mis amigos – alle meine Freunde

Die Formen von **todo** haben unterschiedliche Bedeutungen:
Im Singular bedeutet **todo el** „der ganze".
Im Plural bedeutet **todos los** „alle" oder „jeder".

3.1 Der Begleiter otro

	♂	♀
Singular	otr**o** libro	otr**a** película
Plural	otr**os** libros	otr**as** películas

... noch einen ...

Der Begleiter **otro** steht im Spanischen ohne unbestimmten Artikel und kann „ein anderer" oder „noch ein" heißen.

... einen anderen ... den anderen

Wenn du von einer ganz bestimmten Sache sprichst, muss vor **otro** ein bestimmter Artikel stehen.

¡Acuérdate!
Du kennst schon die Begleiter **mucho** und **poco**:

	♂	♀
Singular	much**o** dinero poc**o** dinero	much**a** gente poc**a** gente
Plural	much**os** libros poc**os** libros	much**as** chicas poc**as** chicas

Übersetze:

1. Pablo geht jeden Tag ins Schwimmbad.
2. Wir arbeiten den ganzen Tag.
3. Ich möchte mit allen meinen Freunden ins Kino gehen.
4. Elena möchte einen anderen Film sehen.
5. – Möchtest du noch ein Sandwich?
6. – Ja, aber nicht dieses. Ich möchte das andere.

Soluciones: 1. Pablo va todos los días a la piscina. 2. Trabajamos todo el día. 3. Quiero ir con todos mis amigos al cine. 4. Elena quiere ver otra película. 5. ¿Quieres otro sándwich? 6. Sí, pero este no. Quiero el otro.

4 Die Verlaufsform | Estar + gerundio

	Estoy	habl**ando**	por teléfono.
¿A quién	estás	esper**ando**	?
Julián	está	hac**iendo**	sus deberes.
En la foto	estamos	com**iendo**	una paella.
Chicos, ¿	estáis	escrib**iendo**	una carta?
Ellos	están	sal**iendo**	con el perro.

Mit **estar** + **gerundio** bringst du zum Ausdruck, dass eine Handlung oder ein Ereignis gerade geschieht. Du kennst diese Form bereits aus dem Englischen („He is reading.").

Verben auf -ar
tom**ar** → tom**ando**
habl**ar** → habl**ando**

Verben auf -er und ir
hac**er** → hac**iendo**
com**er** → com**iendo**
sal**ir** → sal**iendo**
viv**ir** → viv**iendo**

Die Verlaufsform bildest du mit einer konjugierten Form des Hilfsverbs **estar** und dem **gerundio** eines Vollverbs. Die Endung des **gerundio** für die Verben auf -**ar** lautet -**ando**, für die Verben auf -**er** und -**ir** lautet sie -**iendo**.

le**er** → le**yendo**
cre**er** → cre**yendo**

! ir → **yendo**

Bei Verben, deren Stamm auf einem Vokal endet, z. B. cr**ee**r, wird bei der **gerundio**-Endung das **i** durch ein **y** ersetzt: **creiendo** → **creyendo**.

Unregelmäßige Formen
v**e**nir → v**i**niendo
d**e**cir → d**i**ciendo
pref**e**rir → pref**i**riendo
p**o**der → p**u**diendo

Bei einigen Gruppenverben ändert sich der Stammvokal im **gerundio**.
Diese Formen musst du auswendig lernen.

Mario lee mucho.

Ahora **está leyendo** un libro interesante.

Die Formen des **gerundio** sind unveränderlich!

Ergänze mit **estar** + **gerundio**:

1. ¿[tú] *(escribir)* un e-mail?
2. ¿Qué *(decir)* Pablo?
3. Elena y Paco *(nadar)* en la piscina.
4. [yo] *(comer)* una macedonia.
5. ¿[vosotros] *(mirar)* una película española?
6. [nosotros] *(beber)* una horchata.

Soluciones: 1. estás escribiendo 2. está diciendo 3. están nadando 4. estoy comiendo 5. estáis mirando 6. estamos bebiendo

EL PRIMER DÍA

5 Die reflexiven Verben | Los verbos reflexivos

		quejarse
[yo]	**me**	quejo
[tú]	**te**	quejas
[él / ella]	**se**	queja
[nosotros/-as]	**nos**	quejamos
[vosotros/-as]	**os**	quejáis
[ellos / ellas]	**se**	quejan

Ein reflexives („rückbezügliches") Verb wird immer von einem Reflexivpronomen begleitet. Die spanischen Reflexivpronomen lauten im Singular **me**, **te**, **se** und im Plural **nos**, **os**, **se**.

		acordarse
[yo]	**me**	acuerdo
[tú]	**te**	acuerdas
[él / ella]	**se**	acuerda
[nosotros/-as]	**nos**	acordamos
[vosotros/-as]	**os**	acordáis
[ellos / ellas]	**se**	acuerdan

sentarse
sich hinsetzen

Marta **se sienta**.
*Marta **setzt sich** hin.*

Das Reflexivpronomen bezieht sich auf das Subjekt des Satzes und steht im Spanischen in der Regel vor dem konjugierten Vollverb.

Pablo no **se sienta**.
*Pablo **setzt sich** nicht hin.*

Bei Verneinungen steht das Verneinungsadverb immer vor der konjugierten Verbform, d. h. vor dem Reflexivpronomen.

Marta va a **sentarse** / Marta **se** va a **sentar**.
*Marta wird **sich hinsetzen**.*

Pablo nunca quiere **sentarse.** / Pablo nunca **se** quiere **sentar**.
*Pablo möchte **sich** nie **hinsetzen**.*

Bei Konstruktionen mit Hilfs- oder Modalverben gibt es zwei Möglichkeiten:
1. Nach dem konjugierten Hilfs- oder Modalverb folgt das reflexive Verb im Infinitiv: **va a sentarse, quiere sentarse**.
2. Das Reflexivverb wird „zweigeteilt". Dabei steht das Reflexivpronomen vor der konjugierten Form des Hilfs- oder Modalverbs: **se va a sentar**, **se quiere sentar**.

llamarse: ¿Cómo se llama el chico?
Wie heißt der Junge?
llamar: Paco llama a su abuela.
Paco ruft seine Großmutter an.

irse: Me voy.
Ich gehe weg.
ir: Quiero ir al cine.
Ich möchte ins Kino gehen.

Bei manchen Verben ändert sich die Bedeutung, wenn es reflexiv gebraucht wird.

Viele reflexive spanische Verben sind im Deutschen nicht reflexiv!

ponerse: Ana se pone la ropa.
Ana zieht sich an.
Paco se pone rojo.
Paco wird rot.

poner (la mesa): Ana pone la mesa.
Ana deckt den Tisch.

Ergänze mit den passenden Formen der reflexiven Verben:

1. Vosotros [...] *(llamarse)* Paco y Daniel, ¿verdad?
2. Mis tíos [...] *(sentarse)* en el salón.
3. Sergio [...] *(ponerse)* otra camiseta.
4. ¿A qué hora [...] *(tú / levantarse)*?
5. Yo [...] voy a [...] *(ducharse)*.
6. Nosotros nunca [...] *(quejarse)*.

Soluciones: 1. os llamáis 2. se sientan 3. se pone 4. te levantas 5. me voy a duchar 6. nos quejamos

6 Die Verben mit Stammvokaländerung e → i | Los verbos con cambio de vocal e → i

	seguir
[yo]	sigo
[tú]	sigues
[él / ella]	sigue
[nosotros/-as]	seguimos
[vosotros/-as]	seguís
[ellos / ellas]	siguen
! gerundio	siguiendo
! imperativo	¡sigue!

Seguir ist ein Gruppenverb. Der Stammvokal verändert sich in den drei Singularformen und in der 3. Person Singular von **e** zu **i**.

Achte auch auf den Stammvokalwechsel beim **gerundio** und in der Singularform des Imperativs.

¡Acuérdate!

Du kennst bereits drei andere Typen von Gruppenverben mit Stammvokaländerung:

	querer e → ie	**volver** o → ue	**jugar** u → ue
[yo]	quiero	vuelvo	juego
[tú]	quieres	vuelves	juegas
[él / ella]	quiere	vuelve	juega
[nosotros/-as]	queremos	volvemos	jugamos
[vosotros/-as]	queréis	volvéis	jugáis
[ellos / ellas]	quieren	vuelven	juegan

Ergänze mit den richtigen Verbformen:

1. Ana y Tomás [...] *(seguir)* la calle Lorca hasta el instituto.
2. Yo[...] *(seguir)* la avenida Pérez para ir al instituto.
3. Ana siempre [...] *(volver)* a las cinco y media a casa.
4. ¿Tú no [...] *(seguir)* por aquí?
5. Tomás [...] *(querer)* volver a casa a pie.
6. A las seis de la tarde, Ana y Tomás [...] *(jugar)* al voleibol.

Soluciones: 1. siguen 2. sigo 3. vuelve 4. sigues 5. quiere 6. juegan

7 Die Höflichkeitsformen usted und ustedes | Las formas de cortesía usted y ustedes

	usted (ud.)	tú
Singular	¿**Tiene** (usted) hermanos?	¿**Tienes** hermanos?
	¿Dónde vive **su** hermano?	¿Dónde vive **tu** hermano?
	ustedes (uds.)	**vosotros**
Plural	¿**Tienen** (ustedes) perros?	¿Tenéis perros?
	¿Donde están **sus** perros?	¿Dónde están **vuestros** perros?

Im Spanischen gibt es zwei Subjektpronomen für die höfliche Anrede „Sie“: **usted** im Singular und **ustedes** im Plural. Mit **usted** sprichst du eine Person an, mit **ustedes** mehrere.

Auf **usted** folgt immer die 3. Person Singular des Verbs – so wie bei **él** und **ella**.

Auf **ustedes** folgt die 3. Person Plural des Verbs – so wie bei **ellos** und **ellas**.

Alle Objektpronomen und Begleiter musst du diesen Formen anpassen.

– Señor, ¿**Le** puedo hacer una pregunta? ¿Cómo **se** llama **usted**?

– Señora, ¿**La** puedo ayudar?

In der Höflichkeitsform übersetzt du die indirekten Objektpronomen **le** und **les** mit „Ihnen“.

Die Höflichkeitsform wird im Spanischen vor allem für die Anrede älterer Personen verwendet. Erwachsene duzen sich in Spanien untereinander viel häufiger als in Deutschland.

Bilde von jedem Satz die Höflichkeitsform:

1. ¿*Tienes* un perro?
2. ¿Cómo *te llamas*?
3. ¿*Vosotros sois* de aquí?
4. ¿*Os* gusta la película?
5. Perdón, ¿*me dejas* tu boli?
6. *Te escribo* un e-mail.

Soluciones: 1. ¿Tiene usted un perro? 2. ¿Cómo se llama? 3. ¿Ustedes son de aquí? 4. ¿Les gusta la película? 5. Perdón, ¿me deja su boli? 6. Le escribo un email.

8 Die unpersönliche Konstruktion hay que + Infinitiv | La construcción impersonal hay que + infinitivo

Hay que comer mucha verdura.
Man muss viel Gemüse essen.

Hay que ayudar a los chicos que tienen hambre.
Man muss den hungernden Kindern helfen.

Para los exámenes **hay que estudiar**.
Für Prüfungen muss man lernen.

Mit der unpersönlichen Konstruktion **hay que** + **Infinitiv** bringst du zum Ausdruck, dass man etwas tun muss. Im Deutschen würdest du sagen: „Man muss …“. Es ist also nicht von einer bestimmten Person, sondern von einer allgemeinen Verpflichtung die Rede.

¡Acuérdate!
Wenn du sagen willst, dass eine bestimmte Person etwas tun muss, verwendest du die Form:
tener que + infinitivo.

Nosotros **tenemos que hablar**. *(Wir müssen …)*
Luisa **tiene que cuidar** su perro. *(Luisa muss …)*
Tenéis que preparar el examen. *(Ihr müsst …)*

Übersetze die Sätze. Verwende **tener que** und **hay que**.

1. Wir müssen nach Hause gehen.
2. Man muss viel Wasser trinken.
3. Man muss Sport treiben.
4. Ich muss mehr Spanisch sprechen.

Soluciones: 1. Tenemos que ir a casa. 2. Hay que tomar mucha agua. 3. Hay que practicar deporte. 4. Tengo que hablar más español.

9 Die Ordnungszahlen | Los números ordinales

	♂		♀	
Singular	**el** primer**o**	1º	**la** primer**a**	1ª
	el segund**o**	2º	**la** segund**a**	2ª
	el tercer**o**	3º	**la** tercer**a**	3ª
	el cuart**o**	4º	**la** cuart**a**	4ª
	el quint**o**	5º	**la** quint**a**	5ª
Plural	**los** primer**os**		**las** primer**as**	

Im Spanischen haben die Ordnungszahlen eigene Formen. Wenn sie als Zahl stehen, folgt kein Punkt, sondern ein hochgestelltes **o** für die männliche Form und ein hochgestelltes **a** für die weibliche Form. Normalerweise werden sie jedoch als Wort geschrieben.

! Das Datum steht im Spanischen nicht mit Ordnungszahlen, sondern mit Grundzahlen:
el **uno** de enero = der **erste** Januar
el **tres** de abril = der **dritte** April

	♂	♀
Singular	**el primer** día (1er)	**la** primer**a** chica
	el segund**o** mes	**la** segund**a** vez
	el tercer (3er) examen	**la** tercer**a** semana
Plural	**los** primer**os** días	**las** primer**as** chicas

Stehen die Ordnungszahlen mit einem Nomen, werden sie in Zahl und Geschlecht angeglichen.

! Vor einem männlichen Nomen werden **primero** und **tercero** zu **primer** und **tercer** verkürzt.

Schreibe die Ordnungszahlen als Zahlwörter aus:

1. Estoy aquí por (2ª) vez.
2. Tenemos que leer el (3er) texto.
3. El mes de abril es el (4º) mes del año.
4. Hoy es el (1er) día de las vacaciones.
5. Ester es la (5ª) hija de los García.
6. Ana es la (1ª).

Soluciones: 1. segunda vez 2. tercer texto 3. cuarto mes 4. primer día 5. quinta hija 6. la primera

UNA EXCURSIÓN

10 Das Verb sonreír | El verbo sonreír

	sonreír
[yo]	sonr**í**o
[tú]	sonr**í**es
[él / ella / ud.]	sonr**í**e
[nosotros/-as]	sonre**í**mos
[vosotros/-as]	sonre**í**s
[ellos / ellas / uds.]	sonr**í**en
! gerundio	sonr**ie**ndo
! imperativo	¡sonr**í**e!

Das Verb **sonreír** gehört zu den unregelmäßigen Verben. In den Singularformen und in der 3. Person Plural wird **e** zu **í**.

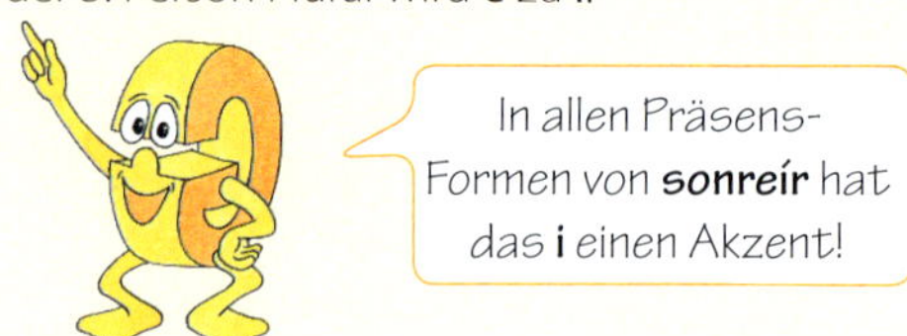

Auch die Singularform des Imperativs und das **gerundio** sind unregelmäßig.

11 Das Perfekt | El pretérito perfecto

	haber	+ Partizip	
Hoy	**he**	habl**ado**	con Paco.
¿Ya	**has**	estudi**ado**	?
Hoy Pía no	**ha**	com**ido**	.
Hoy	**hemos**	aprend**ido**	mucho.
¿Ya	**habéis**	sal**ido**	con el perro?
Hoy Ana y Leo	**han**	ven**ido**	aquí.

Das Perfekt bildest du mit einer konjugierten Form des Hilfsverbs **haber** und dem Partizip eines Vollverbs.

Regelmäßige Partizipien

Verben auf -ar
habl**ar** → habl**ado**
estudi**ar** → estudi**ado**

Das Partizip bildest du, indem du an den Verbstamm der Verben auf **-ar** die Endung **-ado** anhängst.

Verben auf -er
aprend**er** → aprend**ido**
com**er** → com**ido**
cre**er** → cre**ído**
le**er** → le**ído**

Bei den Verben auf **-er** und **-ir** hängst du die Endung **-ido** an. Die Partizipien sind unveränderlich.

Verben auf -ir
sal**ir** → sal**ido**
ven**ir** → ven**ido**

! **ir** → **ido**

Unregelmäßige Partizipien

abrir → **abierto**
decir → **dicho**
descubrir → **descubierto**
escribir → **escrito**
hacer → **hecho**
poner → **puesto**
ver → **visto**
volver → **vuelto**

! hay → habido

Hasta ahora hemos tenido clases.
Esta tarde ha llovido mucho.
Hoy he llamado a mis tíos.
¿**Ya** han visto una película española?
Todavía no he ido a Madrid.
Esta mañana no ha habido pan.

Mit dem Perfekt kannst du über Dinge sprechen, die zwar schon geschehen sind, aber einen direkten Bezug zur Gegenwart haben. Darauf können die folgenden Zeitangaben hinweisen: **hoy**, **esta mañana / tarde / …**, **esta semana**, **hasta ahora**, **ya**, **todavía no**.

Bilde Sätze im Perfekt:

1. ¿Todavía *(tú)* / no / comer?
2. Hasta ahora *(nosotros)* / no / ver / las fotos.
3. Hoy / Pía y Carlos / ir / al cine.
4. Esta mañana / *(yo)* tomar / un zumo.
5. ¿Ya / *(vosotros)* estudiar para el examen?
6. ¿Esta semana / *(tú)* no salir?

Soluciones: 1. ¿Todavía no has comido? 2. Hasta ahora no hemos visto las fotos. 3. Hoy Pía y Carlos han ido al cine. 4. Esta mañana he tomado un zumo. 5. ¿Ya habéis estudiado para el examen? 6. ¿Esta semana no has salido?

12 Die Verneinung mit no … nada / nadie / nunca | La negación con no … nada / nadie / nunca

Manuel **no** dice **nada** en clase.
… *(gar) nichts* …

No hay **nadie** en la calle.
… *niemand* …

Pepe **no** va **nunca** al polideportivo.
… *nie* …

Bei der Verneinung mit **no … nada / nadie / nunca** steht **no** *vor* dem konjugierten Verb. **Nada**, **nadie** bzw. **nunca** stehen jeweils *hinter* dem Verb.

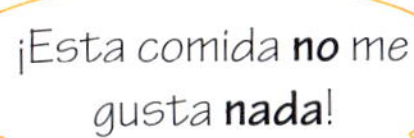

Steht **nada** hinter **gustar**, übersetzt du es mit „gar nicht“.

¡Acuérdate!
Du kennst bereits zwei spanische Wörter, um Dinge zu verneinen: **no** und **tampoco**. Anders als im Deutschen steht im Spanischen das Verneinungswort vor dem Verb bzw. vor dem dazugehörigen Pronomen:

– **No** soy de aquí.	*Ich bin **nicht** von hier.*
– **No** me acuerdo de este chico.	*Ich erinnere mich **nicht** an diesen Jungen.*
– **No** hablo inglés.	*Ich spreche **kein** Englisch.*
– **Tampoco** hablo francés.	*Ich spreche **auch nicht / auch kein** Französisch.*

Ergänze mit **no … nada**, **no … nadie** oder **no … nunca**:

1. Ana [...] va [...] al cine.
2. Este libro [...] me gusta [...].
3. [...] comprendo [...].
4. [...] hay [...] en casa.

Soluciones: 1. no … nunca 2. no … nada 3. no … nada 4. no … nadie

13 Die indirekte Rede ohne Zeitverschiebung | El estilo indirecto sin cambio de tiempo verbal

13.1 Der indirekte Aussagesatz | La oración indirecta

Direkte Rede	Indirekte Rede
Elena: «Siempre me levanto a las siete.»	Elena **dice que** siempre se levanta a las siete.
Miguel: «Mis padres me compran una bicicleta.»	Miguel **cuenta que** sus padres le compran una bicicleta.
Elena y Miguel: «El profe tiene nuestros libros.»	Miguel y Elena **piensan que** el profe tiene sus libros.
Ana: «Me he torcido el pie.»	Ana **dice que** se ha torcido el pie.

Um wiederzugeben, was eine andere Person gesagt hat, benutzt du nicht die wörtliche, sondern die indirekte Rede. Diese leitest du mit der Konjunktion **que** ein. Davor kann z. B. eines der folgenden Verben stehen: **decir**, **contar**, **pensar**, **creer**, **explicar**.

Vergiss nie, die Pronomen und Begleiter in der indirekten Rede anzupassen!

Setze die folgenden Sätze in die indirekte Rede:

1. Pedro: «Tengo un perro.»
2. Sara: «Creo que no puedo ir al colegio hoy.»
3. Mis abuelos: «Vamos a Madrid.»
4. José: «La comida no me gusta.»

Soluciones: 1. Pedro dice/cuenta que tiene un perro. 2. Sara cree que hoy no puede ir al colegio. 3. Mis abuelos dicen/cuentan que van a Madrid. 4. José dice/cuenta que la comida no le gusta.

13.2 Die indirekte Frage | La pregunta indirecta

Direkte Frage	Indirekte Frage
Paco pregunta a Ana: «¿**Cuándo** vuelves al cole?»	Paco pregunta a Ana **cuándo** vuelve al cole.
Paco pregunta a Ana: «**Por qué** estás mal?»	Paco quiere saber **por qué** Ana está mal.
Paco pregunta a Ana: «**Dónde** están tus padres?»	Paco pregunta a Ana **dónde** están sus padres.
Ana pregunta a Paco: «**¿Adónde** vas?»	Ana quiere saber de Paco **adónde** va.

Die indirekte Frage leitest du mit dem Fragewort aus der direkten Frage ein, z. B. mit **cuándo**, **por qué**, **quién**, **adónde** und **dónde**.

Direkte Frage	**Indirekte Frage**
Paco pregunta a Ana: «Estás muy enferma?»	Paco quiere saber de Ana **si** está muy enferma.

Wenn man die direkte Frage mit „ja" oder „nein" beantworten kann, folgt in der indirekten Frage nach dem Einleitungsverb die Konjunktion **si** („ob").

Wandle die direkten Fragen in indirekte Fragen um:

1. Sofía: «¿Dónde está mi mochila?»
2. Marco: «¿Por qué Gustavo no viene a la fiesta?»
3. Carlos: «Esta chica es la hermana de Raquel?»
4. Leticia y Ramón: «Hay un supermercado por aquí?»

Soluciones: 1. Sofía pregunta / quiere saber dónde está su mochila. 2. Marco pregunta / quiere saber por qué Gustavo no viene a la fiesta. 3. Carlos pregunta / quiere saber si esta chica es la hermana de Raquel. 4. Leticia y Ramón preguntan / quieren saber si hay un supermercado por aquí.

14 Die Konjunktionen mientras und cuando | Las conjunciones mientras y cuando

Cuando Pablo vuelve a casa, empieza a hacer los deberes.
Wenn *Pablo nach Hause kommt, …*

Mientras und **cuando** sind Konjunktionen, die einen Nebensatz einleiten.
Die Konjunktion **cuando** bezieht sich auf den *Zeitpunkt*, zu dem etwas Neues passiert. Sie entspricht dem deutschen „wenn" bzw. „als".

Pablo escucha música **mientras** hace los deberes.
… ***während*** er Hausaufgaben *macht*.

Mit der Konjunktion **mientras** drückt man aus, dass zwei Handlungen oder Ereignisse gleichzeitig ablaufen. Sie entspricht dem deutschen „während".

Achte darauf, dass im Spanischen das konjugierte Verb im Nebensatz nach dem Nomen bzw. nach der Konjunktion folgt. Das ist im Deutschen anders.

Verwechsle nicht das Fragewort **¿cuándo?** mit der Konjunktion **cuando**.

Ergänze mit **mientras** oder **cuando**:

1. […] el profe habla, los chicos escuchan.
2. […] el profe sale del aula, los chicos empiezan a hablar.
3. […] Ana vuelve a casa, siempre come un bocadillo.
4. […] Ana espera a sus amigos, escucha música.

Soluciones: 1. mientras 2. cuando 3. cuando 4. mientras

ASÍ ES LA VIDA

15 Das Verb dar | El verbo dar

Mañana te	**doy**	el libro.
Paco, ¿me	das	un boli, por favor?
Elena le	da	su libro a Manuel.
¿Le	damos	el regalo a Paco?
¿Me	d**a**is	un poco de tiempo?
Mis padres me	dan	dinero.

Die 1. Person Singular von **dar** ist unregelmäßig.

16 Unregelmäßige Imperative | Imperativos irregulares

– ¿Qué le digo?	– ¡**Di** la verdad a Laura! *(decir)*
– ¿Qué hago?	– ¡**Haz** todo para ella! *(hacer)*
– ¿Adónde voy con ella?	– ¡**Ven** con ella a mi casa! *(venir)* – ¡**Ve** al cine con ella! *(ir)*
– ¿Qué música pongo?	– ¡**Pon** su música preferida! *(poner)*
– ¿Cómo tengo que ser?	– ¡**Sé** como eres! *(ser)*

Die Imperative der Verben **decir**, **hacer**, **venir**, **ir**, **poner** und **ser** sind im Singular unregelmäßig. Die Formen im Plural sind regelmäßig.

¡Acuérdate!
Du kennst bereits die regelmäßigen und zwei unregelmäßige Imperative:

hablar	comer	escribir	! tener	! salir
¡habl**a**!	¡com**e**!	¡escrib**e**!	¡**Ten** cuidado!	**¡sal!**
¡habl**ad**!	¡com**ed**!	¡ecsrib**id**!	¡Ten**ed** cuidado!	¡salid!

Ergänze die Imperativformen:

1. Ana, ¡[…] *(venir)* aquí!
2. Oye, ¡[…] *(poner)* el libro en la mesa!
3. Elena, ¡[…] *(hacer)* tus deberes!
4. Esteban, ¡[…] *(ir)* al instituto!
5. Chica, ¡[…] *(decir)* la verdad!
6. Chicos, ¡[…] *(venir)*!
7. Chicos, ¡[…] *(poner)* otra música, por favor!
8. Ana y Pablo, ¡[…] *(hacer)* vuestros deberes!
9. Chicas, ¡[…] *(decir)* la verdad!

Soluciones: 1. ¡ven! 2. ¡pon! 3. ¡haz! 4. ¡ve! 5. ¡di! 6. ¡venid! 7. ¡poned! 8. ¡haced! 9. ¡decid!

17 Die Pronomen me und te beim Imperativ im Singular | Los pronombres me y te con el imperativo en singular

Imperative mit indirektem Objektpronomen

llamar – ¡Llámame!
dar – ¡Dame (el libro)!
comprar – ¡Cómprate (un helado)!

leer – ¡Léeme la carta!
creer – ¡Créeme!

escribir – ¡Escríbeme (una carta)!

! hacer – ¡Hazme (el favor)!
! decir – ¡Dime la verdad!

Beim bejahten Imperativ werden die Pronomen **me** und **te** direkt an die Imperativform angehängt. Das gilt sowohl für die indirekten Objektpronomen als auch für die Reflexivpronomen.

Denke bei den Formen mit mehr als zwei Silben an den Akzent auf der drittletzten Silbe!

Imperative mit Reflexivpronomen

levantarse – ¡Levántate!
sentarse – ¡Siéntate!
ducharse – ¡Dúchate!
ponerse – ¡Ponte (el abrigo)!
irse – ¡Vete!

Übersetze:

1. Schreib mir eine E-Mail!
2. Ruf mich an!
3. Setz dich!
4. Steh auf!
5. Sag mir die Wahrheit!
6. Geh weg!

Soluciones: 1. ¡Escríbeme un email! 2. ¡Llámame! 3. ¡Siéntate! 4. ¡Levántate! 5. ¡Dime la verdad! 6. ¡Vete!

18 Der Komparativ | El comparativo

Um Dinge oder Personen miteinander zu vergleichen, benutzt du den Komparativ.

Ungleichheit (+/-)

Ana es **más activa que** Pablo.
... aktiver als ...
Pablo es **menos activo que** Ana.
... weniger aktiv als / nicht so aktiv wie ...
Pablo es **más alto que** Ana.
... größer als ...
Ana es **menos alta que** Pablo.
... weniger groß als / nicht so groß wie ...

Bei Ungleichheit wird dem Adjektiv ein **más** oder **menos** vorangestellt. Das deutsche Vergleichswort „als" wird im Spanischen mit **que** ausgedrückt und steht hinter dem Adjektiv.

(+) **más** + Adjektiv + **que**
(–) **menos** + Adjektiv + **que**

Gleicheit (=)

Pablo es **tan simpático como** Ana.
... so sympathisch wie ...
Ana es **tan divertida como** Pablo.
... so lustig wie ...
Ana y Pablo son **tan alegres como** sus amigos.
... so fröhlich wie ...

Bei Gleichheit steht vor dem Adjektiv ein **tan** („so") und hinter dem Adjektiv ein **como** („wie").

(=) **tan** + Adjektiv + **como**

Unregelmäßige Formen

bueno
En Alemania un 2 es **mejor que** un 5.
Las manzanas son **mejores que** los caramelos.
... besser als ...

malo
En España un 2 es **peor que** un 5.
Los caramelos **son peores** que las manzanas.
... schlechter als ...

Die Adjektive **bueno**, **malo**, **grande** und **pequeño** haben unregelmäßige Komparativformen: **mejor que** („besser als"), **peor que** („schlechter als"), **mayor que** („älter als") und **menor que** („jünger als"). Sie sind im Singular und Plural jeweils unveränderlich und stehen nie mit **más** bzw. **menos**.

grande
Pablo es **mayor que** Ana.
Los profesores son **mayores que** Ana y Pablo.
... älter als ...
! *aber:*
El supermercado es **más grande que** mi casa.
... größer als ...

pequeño
Ana es **menor que** Pablo.
Ana y Pablo son **menores que** sus profesores.
... jünger als ...
! *aber:*
Mi casa es **más pequeña que** el supermercado.
... kleiner als ...

! Die Adjektive **grande** und **pequeño** haben jeweils zwei verschiedene Komparativformen. Die regelmäßigen Formen beziehen sich auf die Größe einer Sache, die unregelmäßigen Formen **mayor** und **menor** beziehen sich auf das Alter von Personen.

¡Acuérdate!

	♂	♀
Die Adjektive, die in der männlichen Grundform auf **-o** enden, werden im Spanischen in Geschlecht und Anzahl dem Bezugsnomen angepasst:	el pueblo bonit**o** los pueblos bonit**os**	la ciudad bonit**a** las ciudades bonit**as**

	♂	♀
Die Adjektive, die auf **-e**, **-a** oder Konsonant enden, sind in der männlichen und weiblichen Form gleich und haben jeweils nur eine Pluralform:	el libro interesant**e** los libros interesant**es**	la película interesant**e** las películas interesant**es**
	el chico deportist**a** los chicos deportist**as**	la chica deportist**a** las chicas deportist**as**
	el libro genia**l** los libros genia**les**	la película genia**l** las películas genia**les**

Bilde Vergleiche:

1. La bici roja es [...] *(+ caro)* la bici azul.
2. La pluma es [...] *(= bonito)* el boli.
3. Pablo es [...] *(+ viejo)* Luisa.
4. Leer un libro es [...] *(= interesante)* ver una película.
5. El ejercicio de mates es [...] *(– difícil)* que el ejercicio de física.
6. Las notas de José son [...] *(+ bueno)* las notas de Alicia.
7. Este libro es [...] *(+ malo)* el otro libro.

Soluciones: 1. más cara que 2. tan bonita como 3. mayor que 4. tan interesante como 5. menos difícil que 6. mejores que 7. peor que

19 Der Superlativ | El superlativo

Pablo es **el** chico **más alto** de la clase.
... der größte ...

Ana es **la** chica **más activa** de la clase.
... das aktivste ...

El perro de Ana es **el** perro **menos peligroso** de la calle. *... der ungefährlichste ...*

Der Superlativ ist die höchste Steigerungsform, z. B. „der **größte** Junge", „das **aktivste** Mädchen", „der **ungefährlichste** Hund".

	♂		
Singular	**el** chico **el** perro	**más** **menos**	**alto** **peligroso**
Plural	**los** chicos **los** perros	**más** **menos**	**altos** **peligrosos**
	♀		
Singular	**la** chica **la** materia	**más** **menos**	**activa** **fácil**
Plural	**las** chicas **las** materias	**más** **menos**	**activas** **fáciles**

Den spanischen Superlativ bildest du, indem du der Komparativform des Adjektivs einen bestimmten Artikel voranstellst.

! Unregelmäßige Formen

♂	♀
bueno	
el mejor chico	**la mejor** chica
los mejores chicos	**las mejores** chicas
malo	
el peor día	**la peor** materia
los peores días	**las peores** materias

Die unregelmäßigen Formen haben jeweils nur eine Singular und eine Pluralform. Das ist genauso wie bei den Adjektiven, die auf **-e** oder Konsonant enden.

Para Paco, el lunes y el martes son **los peores** días de la semana.
… die schlechtesten/schlimmsten …

grande	
el hermano **mayor**	**la** hemana **mayor**
los hermanos **mayores**	**las** hermanas **mayores**

Pablo es **el** hermano **mayor** de Paco, Ana y Eva.
… der älteste …

! *aber:*
El cine Rex es **el** cine **más grande** de la ciudad.
… das größte …

Da es je zwei Komparativformen von **grande** und **pequeño** gibt, gibt es auch zwei Superlativformen! Das kommt darauf an, ob du vom Alter oder von der Größe sprichst.

pequeño	
el primo **menor**	**la** prima **menor**
los primos **menores**	**las** primas **menores**

Eva es **la** hermana **menor** de Pablo, Paco y Ana.
… die jüngste …

Mayor und **menor** stehen immer hinter dem Nomen: **el hermano mayor**, **la prima menor**.

! *aber:*
La heladería «Fresa» es **la** heladería **más pequeña** de la ciudad. *… die kleinste …*

Statt des bestimmten Artikels kann auch ein Possessivbegleiter vor dem Komparativ stehen.

Übersetze:

1. das größte Problem
2. die aufmerksamste Schülerin
3. die jüngsten Geschwister
4. die besten Schulfächer
5. die älteste Schwester
6. der schlechteste Film
7. das uninteressanteste Buch
8. die ruhigsten Schüler

Soluciones: 1. el problema más grande 2. la alumna más atenta 3. los menores hermanos 4. las mejores materias 5. la mayor hermana 6. la peor película 7. el libro menos interesante 8. los alumnos más tranquilos

5

¡VEN A CENTROAMÉRICA!

20 Die Verben traer, conocer und pedir | Los verbos traer, conocer y pedir

20.1 Das Verb traer | El verbo traer

Ana, ¿te	**traigo**	un helado?
Oye, ¿me	traes	un bocadillo?
Pablo me	trae	un regalo.
Le	traemos	chocolate a Ana.
¿Qué me	traéis	para mi cumpleaños?
Mis amigos me	traen	sus apuntes.
! participio	tra**í**do	
! gerundio	tra**y**endo	

Die 1. Person Singular von **traer** ist im Präsens unregelmäßig.

Das Partizip und das **gerundio** haben Besonderheiten in der Schreibung.

! Verwechsle nicht die Verben **traer** und **llevar**!

Beide Verben kannst du zwar mit „bringen" übersetzen, es gibt aber einen Unterschied: **Llevar** entspricht dem deutschen „hinbringen" und **traer** dem deutschen „herbringen / holen".

20.2 Das Verb conocer | El verbo conocer

Yo te	cono**zc**o	.
¿No me	conoces	?
Sarah	conoce	**a** mucha gente.
¿Nos	conocemos	?
Chicos, ¿ya	conocéis	**al** nuevo profe?
Mis padres	conocen	muchos países.

Die erste Person Singular von **conocer** ist unregelmäßig.
Denke an die Präposition **a,** wenn du an **conocer** Personen anschließt!

20.3 Das Verb pedir (e → i) | El verbo pedir (e → i)

	pedir	
Te	p**i**do	un favor.
¿Qué me	p**i**des	?
Carlos no me	p**i**de	nada.
¿Qué	pedimos	para comer?
Chicos, ¿qué	pedís	a vuestros padres?
Mis padres me	p**i**den	muchas cosas.
! gerundio	p**i**diendo	

El profe **nos pide un favor**.
Der Lehrer ***bittet uns um einen Gefallen.***

Beim Verb **pedir** verändert sich in allen Singularformen und in der 3. Person Plural der Stammvokal: **e** wird zu **i**. Das kennst du schon von **seguir** (▸▸ S. 11, § 6).

Achte darauf, dass **pedir** anders als im Deutschen angeschlossen wird.

Übersetze:

1. Wir bringen dir deine Bücher vorbei.
2. Bringst du mir Schokolade mit?
3. Holt ihr mir etwas zum Essen?
4. Kann ich dich um einen Gefallen bitten?
5. Paco bittet Ana um einen Gefallen.
6. Ana kennt zwei Mädchen in Madrid.
7. Pablo kennt Madrid nicht.
8. Ich kenne niemanden hier.

Soluciones: 1. Te llevamos tus libros. 2. ¿Me traes chocolate? 3. ¿Me traéis algo para comer? 4. ¿Te puedo pedir un favor? 5. Paco le pide un favor a Ana. 6. Ana conoce a dos chicas en Madrid. 7. Pablo no conoce Madrid. 8. Yo no conozco a nadie aquí.

21 Das Fragewort ¿cuál? | El pronombre interrogativo ¿cuál?

- ¿**Cuál** de **esas fotos** te gusta?
  Welches dieser Fotos gefällt dir?
- ¿**Cuál** de **esos chicos** es de Madrid?
  Welcher dieser Jungen ist aus Madrid?

Das Fragewort **¿cuál?** entspricht dem deutschen „welcher / welche / welches?" und hat eine Singular- und eine Pluralform.

- ¿**Cuáles** de tus amigos viven cerca de tu casa?
  Welche deiner Freunde wohnen in deiner Nähe?

Die Pluralform **¿cuáles?** verwendest du, wenn du nach mehreren Dingen fragst.

Das Fragewort **¿cuál?** benutzt du immer dann, wenn zwischen verschiedenen Dingen oder Personen ausgewählt werden soll.

Vergiss nicht das Akzentzeichen!

¡Acuérdate!
Diese Fragewörter kennst du schon:

¿Qué?	¿Cómo?	¿Dónde?	¿Quién/es?
¿Por qué?	¿Cuándo?	¿De dónde?	¿Cuánto/-a/-os/-as?
		¿Adónde?	

Alle Fragewörter haben ein Akzentzeichen!

Ergänze mit **¿cuál?**, **¿cuáles?** oder **¿qué?**:

1. ¿[...] de estos libros te gustan?
2. Tengo helado de plátano o de chocolate. ¿[...] quieres?
3. ¿[...] de las faldas te gusta? ¿La roja o la verde?
4. ¿[...] te traigo?
5. ¿[...] vas a hacer esta tarde?
6. ¿[...] de tus amigos va a tu insti?

Soluciones: 1. cuáles 2. cuál 3. cuál 4. qué 5. qué 6. cuál

22 Aquel als Begleiter und Pronomen | El determinante y pronombre aquel

	♂	♀
Singular	**aquel** melón	**aquella** pera
Plural	**aquellos** melones	**aquellas** peras

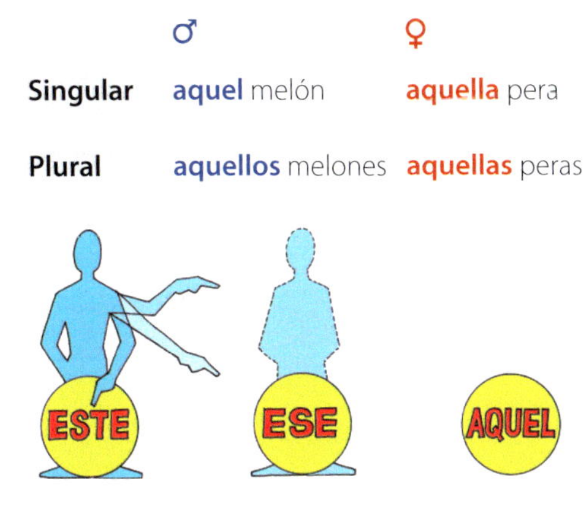

– ¿Te gusta **esta** o **esa** camiseta?
… das T-Shirt (hier) oder das T-Shirt (da) …

– Ninguna de las dos. Pero me gusta **aquella**.
… das (da hinten) …

Der Demonstrativbegleiter **aquel** hat vier Formen, die dem Bezugsnomen angepasst werden. Das ist genauso wie bei **este** und **ese**.

Aquel benutzt du, wenn du von Dingen oder Personen sprichst, die sich relativ weit weg von dir befinden. Im Deutschen würdest du sagen „der / die / das dahinten".
Die Formen von **este** kannst du mit „der / die / das hier" und die Formen von **ese** mit „der / die / das da" übersetzen.

Die vier Formen von **aquel** können auch ohne das Nomen stehen, wenn klar ist, wovon die Rede ist. In diesem Fall hat **aquel** die Funktion eines Pronomens und ersetzt das Nomen. Das funktioniert übrigens ganz genauso mit Begleitern **este** und **ese**!

¡Acuérdate!
Diese Demonstrativbegleiter kennst du schon:

	♂	♀	♂	♀
Singular	**este** melón	**esta** pera	**ese** melón	**esa** pera
Plural	**estos** melones	**estas** peras	**esos** melones	**esas** peras

Mit **este** + *Nomen* (a) sowie **ese** + *Nomen* (b) weist du auf Personen und Dinge hin, die sich direkt neben dir (a) oder in unmittelbarer Nähe von dir (b) befinden.

23 Die direkten Objektpronomen („Akkusativpronomen") | Los pronombres de complemento directo

Manuel	**me**	conoce.	*(mich)*
Esta noche	**te**	llamo.	*(dich)*
¿Y Pablo? ¿Tú	**lo**	ves?	*(ihn)*
¿Y Ana? No	**la**	veo.	*(sie)*
¿Por qué	**nos**	llamas?	*(uns)*
Chicos, ¡El profe	**os**	ha llamado!	*(euch)*
¿Tus libros? Te	**los**	traigo mañana …	*(sie)*
Y las chicas, ¿	**las**	ves?	*(sie)*

Die direkten Objektpronomen heißen im Spanischen **me**, **te**, **lo** / **la**, **nos**, **os** und **los** / **las**. Sie entsprechen meist den deutschen Akkusativpronomen und antworten auf die Frage „wen oder was?".

Sie unterscheiden sich von den indirekten Objektpronomen nur in der 3. Person Singular und Plural (▸▸ S. 6, § 2).

– ¿Quién es **este chico**? – No **lo** conozco.

– ¿Dónde está **Elena**? – No **la** veo.

– ¿Llamáis **a vuestros amigos**? – Sí, **los** llamamos.

! Ana **los** ayuda.
*Ana hilft **ihnen**.*

! Pablo nunca **la** escucha.
*Pablo hört **ihr** nie zu.*

Die direkten Objektpronomen können ein Objekt ersetzen.

Die Verben **ayudar** und **escuchar** werden im Spanischen mit dem direkten Objekt (Akkusativ) angeschlossen!

Ersetze das direkte Objekt durch ein Pronomen:

1. Elena busca sus cosas.
2. Escribo una postal a mis abuelos.
3. ¿Conoces a esta chica?
4. ¡Nunca llamas a Esteban y a mí!
5. ¿Compras las manzanas?
6. ¿Ves a los chicos?

Soluciones: 1. Elena las busca. 2. La escribo a mis abuelos. 3. ¿La conoces? 4. ¡Nunca nos llamas! 5. ¿Las compras? 6. ¿Los ves?

24 Die Stellung der Objektpronomen (I) | La colocación de los pronombres (I)

Preguntamos **a nuestra profesora**.
→ **La** preguntamos.

Das Objektpronomen steht in der Regel vor dem konjugierten Verb.

– ¿Dónde están **Ana y Lucía**?
– **A Ana y Lucía las** buscamos desde hace una hora.

Wenn das direkte Objekt am Satzanfang steht, musst du das direkte Objektpronomen **zusätzlich** verwenden!

Diego no conoce **a este chico**.
→ Diego no **lo** conoce.

Ist das Verb verneint, steht das Pronomen zwischen **no** und dem konjugierten Verb.

Me gusta llamar **a mis amigos**.
→ Me gusta llamar**los**.

Wenn das Pronomen mit einem Infinitiv steht, wird es direkt an diesen angehängt.

¡Haz **tus deberes**!
→ ¡Haz**los**!

Ana, ¡llama **a tus tíos**!
→ Ana, ¡llláma**los**!

Auch an den Imperativ wird das Pronomen direkt angehängt. Bei Imperativen, die aus mehr als einer Silbe bestehen, muss ein Akzentzeichen auf den betonten Vokal gesetzt werden.

! Diese Regeln gelten auch für die indirekten Pronomen und die Reflexivpronomen!

Ersetze das direkte Objekt durch das passende Objektpronomen. Achte auf die Stellung.

1. ¡Explica el ejercicio a tus compañeros!
2. Me gusta comprar zapatos.
3. No he visto nunca a este tío.
4. ¡Manda la postal a tus abuelos!
5. Comer fruta es importante.
6. Vemos una película.

Soluciones: 1. ¡Explícalo a tus compañeros! 2. Me gusta comprarlos. 3. No lo he visto nunca. 4. Mándala a tus abuelos. 5. Comerla es importante. 6. La vemos.

EN EL MUSEO

25 Das pretérito indefinido | El pretérito indefinido

25.1 Das pretérito indefinido der Verben auf -ar | El pretérito indefinido de los verbos en -ar

	hablar
[yo]	habl**é**
[tú]	habl**aste**
[él / ella / ud.]	habl**ó**
[nosotros/-as]	habl**amos**
[vosotros/-as]	habl**asteis**
[ellos / ellas / uds.]	habl**aron**

Mit dem **pretérito indefinido** drückst du aus, dass eine Handlung in der Vergangenheit abgeschlossen ist.

	ducharse	
Ayer me	duch**é**	por la mañana.
¿Y tú? ¿te	duch**aste**	también?
Primero, Ana se	duch**ó**,	después estudió.
A las nueve nos	duch**amos**.	
¿Y vosotros? ¿Os	duch**asteis**	ayer?
Ayer ellos no se	duch**aron**.	

Hoy **tomamos** dos helados y ayer **tomamos** tres.
… essen wir … *… aßen wir …*
Hoy **trabajamos** mucho pero ayer **trabajamos** más.
… arbeiten wir … *… arbeiteten wir …*

! Die 1. Person Plural im **Indefinido** und die 1. Person Plural im Präsens sind gleich.

Ana: «Hoy no **tomo** helado.»
… esse ich …
Ayer Ana no **tomó** helado.
… aß Ana …

Die 3. Person Singular im **Indefinido** unterscheidet sich in der Schreibung von der 1. Person Singular Präsens nur durch den Akzent. Achte hier beim Sprechen auf die unterschiedliche Betonung!

! bus**c**ar: bus**qu**é, buscaste, … **-c- → -qu-**
ebenso: explicar, tocar

! apa**g**ar: apa**gu**é, apagaste, … **-g- → -gu-**
ebenso: colgar, llegar, jugar, fregar, pagar

! empe**z**ar: empe**c**é, empezaste, … **-z- → -c-**
ebenso: organizar, cruzar

Um die Aussprache zu erhalten, ändert sich bei den Verben auf **-car**, **-gar** und **-zar** die Schreibweise in der 1. Person Singular.

Bilde die passende Form im Indefinido:

1. ¿La semana pasada [tú] *(hablar)* con tus amigos?
2. Ayer [yo] *(buscar)* mis cosas.
3. ¿Ayer [vosotros] *(necesitar)* vuestros libros?
4. Ana *(entrar)* en la tienda.
5. Primero [yo] *(colgar)* el teléfono.
6. Despúes Marta y yo *(cantar)* una canción.
7. ¿Ayer tú y Esteban *(escuchar)* música?
8. A las tres Ana y Pablo *(tomar)* un helado.

Soluciones: 1. hablaste 2. busqué 3. necesitasteis 4. entró 5. colgué 6. cantamos 7. escuchasteis 8. tomaron

25.2 Das pretérito indefinido von ser und ir | El pretérito indefinido de ser e ir

	ser / ir
[yo]	**fui**
[tú]	**fuiste**
[él / ella / ud.]	**fue**
[nosotros/-as]	**fuimos**
[vosotros/-as]	**fuisteis**
[ellos / ellas / uds.]	**fueron**

Die Verben **ser** und **ir** haben im **pretérito indefinido** dieselben Formen.

Du musst dir also aus dem Inhalt des Satzes erschließen, ob es sich um **ser** oder **ir** handelt.

Achte darauf, dass keine Form ein Akzentzeichen hat!

Übersetze:

1. Das Fest war schön.
2. Wohin gingt ihr danach?
3. Wir gingen mit Diego ins Kino.
4. Letztes Jahr fuhr ich nach Spanien.
5. Fuhrst du letzte Woche zu deinen Großeltern?
6. Die Bücher waren interessant.

Soluciones: 1. La fiesta fue bonita. 2. ¿Adónde fuisteis después? 3. Fuimos con Diego al cine. 4. El año pasado fui a España. 5. ¿Fuiste a casa de tus abuelos la semana pasada? 6. Los libros fueron interesantes.

26 Die Stellung der Objektpronomen (II) | La colocación de los pronombres de complemento (II)

– ¿**Me** vas a llamar? / ¿Vas a llamar**me**?
– Sí, voy a llamar**te**.

– ¿La fiesta ya es mañana?
– Sí, **la** tenemos que organizar. / Tenemos que organizar**la**.

Ana compró un bocadillo y **lo** quiere comer.
… y quiere comer**lo**.

Bei Konstruktionen mit Modalverben, **ir a** + Infinitiv (Futur) und **estar** + **gerundio** stehen die Pronomen immer vor dem konjugierten Modal- oder Hilfsverb oder werden direkt an den Infinitiv bzw. an die **gerundio**-Form angehängt.

– ¿Dónde está Paco? ¿Está ayudándo**os**?
– Sí, **nos** está ayudando.

– ¿Dónde están los platos?
– Paco **los** está fregando. / Paco está fregándo**los**.

Lucía tiene todas las revistas y **las** está leyendo.
… y está leyéndo**las**.

Wenn das Pronomen direkt an die **gerundio**-Form angehängt wird, muss auf der vorletzten Silbe des **gerundio** ein Akzentzeichen stehen.

Forme die Sätze um, indem du die Objekte durch Objektpronomen ersetzt. Denke daran, dass es immer zwei Möglichkeiten gibt.

1. Estoy buscando mi mochila.
2. Mañana voy a llamar a mis amigos.
3. ¿Quieres comprar las zapatillas?
4. Pablo tiene que hacer sus deberes.
5. No podemos ver a Lucía y Pablo.
6. Ellos están fregando los platos.

Soluciones: 1. La estoy buscando / Estoy buscándola. 2. Mañana los voy a llamar. / Mañana voy a llamarlos. 3. ¿Las quieres comprar? / ¿Quieres comprarlas? 4. Pablo los tiene que hacer. / Pablo tiene que hacerlos. 5. No los podemos ver. / No podemos verlos. 6. Ellos los están fregando. / Ellos están fregándolos.

27 Der Imperativ der reflexiven Verben (Plural) | El imperativo de los verbos reflexivos (Plural)

Imperativ mit tú

levantarse	¡levántate!
sentarse	¡siéntate!
callarse	¡cállate!
ducharse	¡dúchate!
ponerse	¡ponte [...]!
! irse	¡vete!

Du kennst bereits den Imperativ der reflexiven Verben mit **tú**, bei dem an die reguläre Imperativform das Reflexivpronomen **te** angehängt wird.

Imperativ mit vosotros

sentarse	→	senta~~d~~	→	¡sentaos!
callarse	→	calla~~d~~	→	¡callaos!
ducharse	→	ducha~~d~~	→	¡duchaos!
ponerse	→	pone~~d~~	→	¡poneos [...]!
levantarse	→	levanta~~d~~	→	¡levantaos!
! irse				¡iros! ¡idos!

Bei den reflexiven Verben fällt im Imperativ Plural mit **vosotros** das **-d** weg. Das Reflexivpronomen **os** wird direkt an diese verkürzte Imperativform angehängt.

Achte besonders auf die Betonung. Du betonst immer den Vokal oder die Silbe vor **-os**.

Bei dem Verb **irse** bildest du den Imperativ Plural aus der Infinitivform und dem Reflexivpronomen **os**.

Übersetze:

1. Setzt euch!
2. Zieht euch eure Schuhe an!
3. Seid ruhig!
4. Geht nach Hause!

Soluciones: 1. ¡Sentaos! 2. ¡Poneos vuestros zapatos! 3. ¡Callaos! 4. ¡Iros a casa!

28 Der absolute Superlativ | El superlativo absoluto

¡Este chico es **altísimo**!
etwa: Dieser Junge ist riesig!

¡Esta mochila es **carísima**!
etwa: Dieser Rucksack ist wahnsinnig teuer!

Mit dem absoluten Superlativ drückst du aus, dass bei einer Person oder eine Sache eine Eigenschaft ganz besonders ausgeprägt ist.

♂	
buen**o**	
un libro buen**ísimo**	una película buen**ísima**
libros buen**ísimos**	películas buen**ísimas**

... unglaublich gut ....

grand**e**	
un parque grand**ísimo**	una casa grand**ísima**
parques grand**ísimos**	casas grand**ísimas**

... riesengroß ...

Die Endungen des absoluten Superlativs lauten **-ísimo**, **-ísima**, **-ísimos** und **-ísimas**. Sie werden dem Geschlecht des Nomens angepasst.

Bei Adjektiven auf **-o** und **-e** hängst du diese Endung an den Wortstamm.

♂	♀
difícil
un examen dificil**ísimo**	una palabra dificil**ísima**
exámenes difícil**ísimos**	palabras dificil**ísimas**

… extrem schwierig ….

Bei Adjektiven, die auf einem Konsonant enden, hängst du die jeweilige Endung direkt an das Adjektiv.
Achte darauf, dass sich der Akzent verschieben kann: difícil → dificilísimo.

! simpáti**c**o → simpa**tiqu**ísimo
ebenso: fresco, rico

! lar**g**o → lar**gu**ísimo

Bei Adjektiven auf **-co** und **-go** ändert sich im Superlativ die Schreibweise.

Bilde den absoluten Superlativ:

1. un camino largo
2. una pera fresca
3. preguntas difíciles
4. libros interesantes
5. una señora importante
6. un día aburrido

Soluciones: 1. un camino larguísimo 2. una pera fresquísima 3. preguntas dificilísimas 4. libros interesantísimos 5. una señora importantísima 6. un día aburridísimo

29 Antes de + Infinitiv / después de + Infinitiv | Antes de + infinitivo / después de + infinitivo

- **Antes de** ir al cine Pablo hace sus deberes.
  Bevor *Pablo in Kino geht, macht er seine Hausaufgaben.*
- **Antes de** salir Ana se pone sus zapatillas.
  Bevor *Ana losgeht, zieht sie ihre Turnschuhe an.*
- **Después de** quedar con sus amigos Pablo va a casa.
  Nachdem *er sich mit seinen Freunden getroffen hat, geht Pablo nach Hause.*
- **Después de** hacer deporte Ana se ducha.
  Nach *dem Sport duscht Ana.*

Antes de + Infinitiv und **después de + Infinitiv** benutzt du im Spanischen, um Nebensätze einzuleiten.

Antes de kannst du mit „bevor" und **después de** mit „nachdem" oder „nach" übersetzen.
Im Gegensatz zum Deutschen folgt im Spanischen nach diesen Präpositionen immer der Infinitiv eines Verbs. Im Deutschen kannst du den spanischen Infinitiv häufig mit einem Nomen wiedergeben: **después de hacer deporte** = „nach dem Sport".

Übersetze ins Deutsche:

1. Antes de cantar Luisa toma un vaso de de agua.
2. Después de jugar al fútbol Paco se ducha.
3. Después de ver la película Elena se va a la cama.
4. Antes de estudiar para el examen Esteban pasea por su barrio.

Soluciones: 1. Bevor Luisa singt, trinkt sie ein Glas Wasser. 2. Nach dem Fußball duscht Paco.
3. Nach dem Film geht Elena ins Bett.
4. Bevor Esteban für die Klassenarbeit lernt, geht er in seinem Stadtviertel spazieren.

¿QUIERES SER COMO ELLOS?

30 Das pretérito indefinido der Verben auf -er und -ir | El pretérito indefinido de los verbos en -er e -ir

	comer	escribir
[yo]	com**í**	escrib**í**
[tú]	com**iste**	escrib**iste**
[él / ella / ud.]	com**ió**	escrib**ió**
[nosotros/-as]	com**imos**	escrib**imos**
[vosotros/-as]	com**isteis**	escrib**isteis**
[ellos / ellas / uds.]	com**ieron**	escrib**ieron**

Die Konjugation der Verben auf **-er** und **-ir** ist im **pretérito indefinido** gleich.

! **leer:** le**í**, le**í**ste, le**y**ó, le**í**mos, le**í**steis, le**y**eron
creer: cre**í**, cre**í**ste, cre**y**ó, cre**í**mos, cre**í**steis, cre**y**eron

Bei den Verben, deren Stamm auf einem Vokal endet (z. B. leer), wird jeweils in der 3. Person Singular und Plural das unbetonte **i** durch ein **y** ersetzt. In allen anderen Formen ist das **i** betont und trägt deshalb ein Akzentzeichen.

! **ver:** v**i**, viste, vi**o**, vimos, visteis, vieron

Bei **ver** hat *keine* Form ein Akzentzeichen.

Bilde die jeweilige Form im **pretérito indefinido**:

1. creer (él)
2. creer (vosotros)
3. ver (ella)
4. vivir (nosotras)
5. descubrir (vosotros)
6. comprender (yo)
7. subir (tú)
8. mover (ellos)

Soluciones: 1. creyó 2. creísteis 3. vio 4. vivimos 5. descubristeis 6. comprendí 7. subiste 8. movieron

31 Die verkürzten Adjektive buen und mal | Los adjetivos apocopados buen y mal

Hoy hace **buen** tiempo.
Ana ha tenido un **mal** día.

Die Adjektive **bueno** und **malo** werden vor einem männlichen Nomen zu **buen** und **mal** verkürzt.

bueno	
un **buen** libro.	una buena película
buenos libros	buenas películas
malo	
un **mal** día	una mala noche
malos días	malas noches

Vor weiblichen Nomen bleibt die Endung **-a** erhalten. Auch die Endungen im Plural verändern sich nicht.

– A mí, este libro me parece **bueno**.
– Sí, es un **buen** libro.

Steht das Adjektiv *nach* einem männlichen Nomen, bleibt die Endung **-o** erhalten.

Ergänze mit der jeweils passenden Form von **bueno** und **malo**:

1. Tenemos [...] (bueno) profesores.
2. Hoy es un [...] (malo) día.
3. Pablo es un [...] (bueno) chico.
4. Ana y Lucía son [...] (bueno) alumnas.
5. Ayer vi una [...] (malo) película.
6. Pasamos un [...] (bueno) tiempo en Alicante.

Soluciones: 1. Tenemos buenos profesores. 2. Hoy es un mal día. 3. Pablo es un buen chico. 4. Ana y Lucía son buenas alumnas. 5. Ayer vi una mala película. 6. Pasamos un buen tiempo en Alicante.

32 Der Begleiter propio | El determinante propio

	♂	♀
Singular	mi propio libro	mi propia idea
Plural	mis propios libros	mis propias ideas

Der Begleiter **propio** hat vier Formen, die du immer dem nachstehenden Nomen anpassen musst. Das ist genauso wie bei den anderen Begleitern, z. B. bei **aquel** (▸▸ S. 25, § 22).
Vor **propio** steht meistens ein Possessivbegleiter (z. B. **mi**, **tu**, **su**).

Ahora Ana tiene su **propio** ordenador.
Pablo prefiere leer sus **propios** libros.
Mis abuelos quieren vivir en su **propia** casa.
Yo tengo mis **propias** ideas sobre la vida.

¡Acuérdate!
Die Possessivbegleiter kennst du bereits aus **¡Apúntate! 1**:

ein Besitzer

		♂		♀	
Singular	[yo]	mi	libro	mi	pluma
	[tú]	tu		tu	
	[él / ella / ud.]	su		su	
Plural	[yo]	mis	libros	mis	plumas
	[tú]	tus		tus	
	[él / ella / ud.]	sus		sus	

mehrere Besitzer

		♂		♀	
Singular	[nostros/-as]	nuestro	libro	nuestra	pluma
	[vosotros/-as]	vuestro		vuestra	
	[ellos / ellas / uds.]	su		su	
Plural	[nostros/-as]	nuestros	libros	nuestras	plumas
	[vosotros/-as]	vuestros		vuestras	
	[ellos / ellas / uds.]	sus		sus	

Übersetze:

1. mein eigenes Fahrrad
2. deine eigenen Ideen
3. sein eigenes Haus
4. ihre eigene Bäckerei
5. unser eigenes Zimmer
6. euer eigenes Problem

Soluciones: 1. mi propia bicicleta 2. tus propias ideas 3. su propia casa 4. su propia panadería 5. nuestra propia habitación 6. vuestro propio problema

UN VIAJE POR ESPAÑA

33 Das pretérito indefinido: unregelmäßige Formen (I) | El pretérito indefinido: formas irregulares (I)

	venir (ven- → **vin-**)	poder (pod- → **pud-**)
[yo]	**vine**	**pude**
[tú]	**vin**iste	**pud**iste
[él/ella/ud.]	**vino**	**pudo**
[nosotros/-as]	**vin**imos	**pud**imos
[vosotros/-as]	**vin**isteis	**pud**isteis
[ellos/ellas/uds.]	**vin**ieron	**pud**ieron

	tener (ten- → **tuv-**)	decir (dec- → **dij-**)
[yo]	**tuve**	**dije**
[tú]	**tuv**iste	**dij**iste
[él/ella/ud.]	**tuvo**	**dijo**
[nosotros/-as]	**tuv**imos	**dij**imos
[vosotros/-as]	**tuv**isteis	**dij**isteis
[ellos/ellas/uds.]	**tuv**ieron	**dij**eron

Die Verben **venir**, **poder**, **tener** und **decir** haben je einen eigenen **Indefinido**-Stamm. Auch bei den Endungen gibt es Unterschiede zu den regelmäßigen Indefinido-Formen:
- 1. Person Singular: **-e** statt **-í**
- 3. Person Singular: **-o** statt **-ió**.

Wenn der Stamm auf **j** endet (wie bei **decir** → **dij-**), fällt in der Endung der 3. Person Plural das **i** weg.

Lerne die unregelmäßigen Indefinido-Formen auswendig!

Ergänze mit den passenden Formen des Indefinido:

1. Ayer Paco no *(poder)* ir al instituto.
2. ¡*(tener/nosotras)* mucha suerte!
3. ¿*(poder/tú)* ir al concierto de Jarabe de Palo la semana pasada?
4. Al final, Ana y Sofía no *(decir)* nada.
5. El año pasado vosotros no *(venir)* a casa de nuestros tíos, ¿verdad?
6. Pablo *(decir)* muchas cosas interesantes.
7. De repente *(tener/yo)* una idea genial.
8. Ayer María no *(venir)* a la fiesta.

Soluciones: 1. pudo 2. tuvimos 3. pudiste 4. dijeron 5. vinisteis 6. dijo 7. tuve 8. vino

34 Das pretérito indefinido und das Perfekt | El pretérito indefinido y el pretérito perfecto

pretérito perfecto

Hoy te he mandado un mensaje.
Heute …
Esta mañana he encontrado a Ana.
Heute Morgen …
Esta semana he visto una película.
Diese Woche …
Este año hemos ido a Madrid.
Dieses Jahr …

Du kennst nun zwei spanische Vergangenheitsformen: das **pretérito perfecto** und das **pretérito indefinido**.

Das **pretérito perfecto** benutzt du, wenn du von einem Handlungszeitraum sprichst, der noch nicht vorbei ist bzw. nur kurze Zeit zurückliegt: **hoy**, **esta mañana**, **esta semana**, **este mes/este año**.

Hasta ahora yo no he estado en Madrid.
Bis jetzt …
Nunca he cantado en un concierto.
Niemals/noch nie ….
¿**Ya** has hablado con tu profesora?
… schon …
Todavía no he llamado a mis padres.
… noch nicht …

Du verwendest es ebenso bei Zeitangaben, die sich auf die Gegenwart beziehen: **hasta ahora**, **nunca**, **ya**, **todavía no**.

pretérito indefinido

Ayer te mandé un e-mail.
Gestern …
El otro día encontré a Luisa.
Neulich …
La semana pasada vi una película.
Letzte Woche …
El año pasado fuimos a España.
Letztes Jahr …

Das **pretérito indefinido** benutzt du, wenn du von einem Handlungszeitraum sprichst, der schon vorbei ist: **ayer**, **el otro día**, **la semana pasada**, **el mes / el año pasado** …

Hasta el año pasado Ana vivió en Madrid.
Bis zum letzten Jahr …
Hace dos días llamé a mis abuelos.
Vor zwei Tagen …
Hace un año conocí a Diego.
Vor einem Jahr …

Du verwendest es auch für Ereignisse, die zu einem bestimmten Zeitpunkt in der Vergangenheit stattgefunden haben: **hasta el año / el mes pasado**, **hasta la semana pasada**, **hace dos días / tres semanas / cuatro años** …

Primero entró Pablo, **después** llegó Ana y **al final** vino Paco.
Zuerst …, danach …, zum Schluss
De repente entró Paco, **luego** se sentó y **entonces** empezó a hablar.
Plötzlich …, dann, … (und) dann …

Zeitangaben, die die Reihenfolge von Handlungen oder Ereignissen beschreiben, stehen ebenfalls häufig mit dem **pretérito indefinido**: **primero**, **luego**, **al final**, **de repente**, **después**, **entonces**.

Entscheide, ob du das **pretérito perfecto** oder **pretérito indefinido** verwenden musst. Ergänze die Sätze dann mit der jeweils richtigen Form:

1. Hace tres meses *(empezar / yo)* a estudiar español.
2. ¿Ya *(ver / tú)* la película?
3. El año pasado María y yo *(ir)* a Mallorca.
4. Hasta ahora no *(leer / yo)* el texto.
5. Nunca Nina *(comer)* una paella.
6. ¿Ayer *(practicar / vosotros)* deporte?
7. Edgar todavía no *(ir)* a España.
8. Primero *(llegar)* Ana, luego *(venir)* Javier y Tomás.

Soluciones: 1. empecé 2. has visto 3. fuimos 4. he leído 5. ha comido 6. practicasteis 7. ha ido 8. llegó … vinieron

35 Nada, nadie und nunca vor dem Verb | Nada, nadie y nunca antes del verbo

Ana **nunca** ha ido a Alemania.
Nadie quiere ir al cine.
En esta ciudad **nada** me parece bonito.

Wenn **nada**, **nunca** oder **nadie** vor dem Verb stehen, entfällt das **no**.

¡Acuérdate!
Du kennst bereits die Verneinung mit **no … nunca**, **no … nada** und **no … nadie**.
Hier stehen **nunca**, **nada** und **nadie** immer hinter dem konjugierten Verb.

Ana **no** ha ido **nunca** a Alemania.
No veo a **nadie**.
En esta ciudad **no** pasa **nada**.

Forme die Sätze so um, dass **nada**, **nunca** oder **nadie** vor dem Verb stehen:

1. No ha venido nadie a la fiesta.
2. No he estado nunca en España.
3. No pasa nada en esta ciudad.
4. Los chicos no hacen nunca sus deberes.

Soluciones: 1. Nadie ha venido a la fiesta. 2. Nunca he estado en España. 3. Nada pasa en esta ciudad. 4. Los chicos nunca hacen sus deberes.

36 Die Konjunktionen sin embargo und aunque | Las conjunciones sin embargo y aunque

- Rufus es un perro inteligente. **Sin embargo** no sabe leer.
- Mi hermano ya tiene dos hámsteres, **sin embargo** quiere otra mascota.

Sin embargo kannst du mit „trotzdem" übersetzen. Mit dieser Konjunktion leitest du einen Hauptsatz ein, der auf einen anderen Hauptsatz folgt.

- Raúl va a la fiesta de Mario **aunque** no se siente bien.
- Ana tiene que cenar con sus padres **aunque** no tiene hambre.

Aunque kannst du mit „obwohl" übersetzen. Mit dieser Konjunktion leitest du einen Nebensatz ein.

Ergänze mit **sin embargo** oder **aunque**:

1. Diego estudia mucho, [...] no tiene buenas notas.
2. Ana va al cine con sus amigos [...] no tiene ganas.
3. Paco va al instituto en bicicleta [...] hace mucho frío.
4. Lola tiene muchos amigos. [...] a veces se siente sola.

Soluciones: 1. sin embargo 2. aunque 3. aunque 4. Sin embargo

COSAS DE LA VIDA

37 Das pretérito indefinido: unregelmäßige Formen (II) | El pretérito indefinido: Formas irregulares (II)

	dar	estar
[yo]	d**i**	**estuve**
[tú]	diste	**estuv**iste
[él/ella/ud.]	di**o**	**estuvo**
[nosotros/-as]	dimos	**estuv**imos
[vosotros/-as]	disteis	**estuv**isteis
[ellos/ellas/uds.]	dieron	**estuv**ieron

Das Verb **dar** wird im **pretérito indefinido** wie ein regelmäßiges Verb auf **-er**/**-ir** konjugiert, es gibt jedoch *kein* Akzentzeichen.

Die Verben **estar**, **poner**, **saber**, **hacer** und **traer** haben einen unregelmäßigen Indefinido-Stamm.

	poner	saber
[yo]	**puse**	**supe**
[tú]	**pus**iste	**sup**iste
[él/ella/ud.]	**puso**	**supo**
[nosotros/-as]	**pus**imos	**sup**imos
[vosotros/-as]	**pus**isteis	**sup**isteis
[ellos/ellas/uds.]	**pus**ieron	**sup**ieron

Achte auf die Schreibung der 3. Person Singular von **hacer**. Hier steht ein **z** und kein **c**!

	hacer	traer
[yo]	**hice**	**traje**
[tú]	**hic**iste	**traj**iste
[él/ella/ud.]	**hizo**	**trajo**
[nosotros/-as]	**hic**imos	**traj**imos
[vosotros/-as]	**hic**isteis	**traj**isteis
[ellos/ellas/uds.]	**hic**ieron	**trajeron**

Wenn der Indefinido-Stamm auf **j** endet (wie bei **traer** → **traj-**), fällt in der Endung der 3. Person Plural das **i** weg. Das ist genauso wie bei **decir** (-> S. 33, § 33).

38 Das Verb caerse | El verbo caerse

		Präsens	pretérito indefinido
[yo]	me	ca**ig**o	ca**í**
[tú]	te	caes	ca**í**ste
[él/ella/ud.]	se	cae	ca**yó**
[nosotros/-as]	nos	caemos	ca**í**mos
[vosotros/-as]	os	caéis	ca**í**steis
[ellos/ellas/uds.]	se	caen	ca**y**eron
! gerundio		ca**y**endo	
! participio		ca**í**do	

Das Verb **caerse** hat im Präsens eine unregelmäßige Form. Es wird genauso konjugiert wie **traer** (▸▸ S. 23, § 20).

Das **gerundio**, das **participio** und die Formen des **pretérito indefinido** sind unregelmäßig.

Bilde die richtigen Indefinido-Formen:

1. Ayer Pablo no *(hacer)* sus deberes.
2. Ana y Luisa me *(traer)* muchos libros.
3. ¿Dónde vosotros *(estar)* la semana pasada?
4. ¿Pepe no te *(dar)* sus apuntes?
5. Ayer en el examen nadie *(saber)* la solución.
6. ¿Dónde *(poner/tú)* mis gafas?
7. Yo te *(dar)* tu cedé hace dos semanas.
8. El sábado pasado Luísa se *(poner)* un vestido muy bonito.
9. El otro día yo *(caerse)* en la calle.
10. El chico *(caerse)* en la calle.

Soluciones: 1. hizo 2. trajeron 3. estuvisteis 4. dio 5. supo 6. pusiste 7. di 8. se puso 9. me caí 10. se cayó

39 Alguno und ninguno als Pronomen und Begleiter | Los pronombres y determinantes alguno y ninguno

39.1 Pronomen

	♂	♀
Sing.	**alguno**	**alguna**
	ninguno	**ninguna**
Plural	**algunos**	**algunas**
	(**ningunos**)	(**ningunas**)

- **Algunos** de mis amigos no saben hablar español.

- ¿Te gustan los libros?
- Me gustan **algunos** pero no prefiero **ninguno**.

- ¿No ves a las tres chicas allí?
- ¿Dónde están? No veo a **ninguna** …

Alguno/-a entspricht im Singular dem deutschen „irgendeiner/-e" und im Plural dem deutschen „ein paar".
Wenn **alguno** allein steht, hat es die Funktion eines Pronomens und ersetzt ein Nomen.

Ninguno/-a entspricht dem deutschen „keiner/-e".
Allein stehend hat es – wie **alguno** – die Funktion eines Pronomens.

! Die Pluralformen von **ninguno** werden in der Regel nicht verwendet.

39.2 Begleiter

	♂	♀
Sing.	**algún** coche	**alguna** bici
	ningún coche	**ninguna** bici
Plural	**algunos** coches	**algunas** bicis
	(**ningunos** + Nomen)	(**ningunas** + Nomen)

- ¿Tienes **alguna** pregunta?
- Sí. ¿Hay **algún** parque en esta ciudad? ¿Y no hay **ningún** cine?

- ¿Qué hay en tu barrio?
- En mi bario hay **algunas** tiendas pero no hay **ninguna** piscina.

Wenn **alguno** ein Nomen begleitet, entspricht es dem deutschen „irgendein/e + *Nomen*". Die männliche Form wird im Singular auf **algún** verkürzt.

Wenn **ninguno** ein Nomen begleitet, entspricht es dem deutschen „(gar) kein/e + *Nomen*". Auch hier wird die männliche Form im Singular verkürzt, und zwar auf **ningún**.

Die Pluralformen des Begleiters **ninguno** werden nur sehr selten gebraucht.
Wenn du z. B. ganz besonders betonen willst, dass du keine Lust zu etwas hast, kannst du sagen: „**No tengo ningunas ganas.**". Das heißt etwa: „Ich habe **gar keine** Lust!" oder „Ich habe **nicht die geringste** Lust!".

¡Acuérdate!
Du kennst bereits die folgenden unbestimmten Pronomen:

algo *etwas*	nada *nichts*	¿Quieres comer **algo**? *Willst du etwas essen?*	No, no quiero comer **nada**. *Nein, ich will nichts essen.*
alguien *jemand*	nadie *niemand*	¿Ves **a alguien**? *Siehst du jemanden?*	No, no veo **a nadie**. *Nein, ich sehe niemanden.*

Ergänze mit den passenden Formen von alguno und ninguno:

1. ¿Tienes [...] boli? – No, no tengo [...].
2. Chicos, [...] de vosotros conocen a este tío? – No, [...] de nosotros lo conoce.
3. Elena, ¿tienes [...] pregunta? – No, no tengo [...].
4. No veo [...] coche en la calle.

Soluciones: 1. ¿Tienes algún boli? – No, no tengo ninguno. 2. Chicos, alguno de vosotros conoce a este tío? – No, ninguno de nosotros lo conoce. 3. Elena, ¿tienes alguna pregunta? – No, no tengo ninguna. 4. No veo ningún coche en la calle.

40 Die Konjunktionen como und porque | Los conectores como y porque

Voy a estudiar **porque** mañana tengo un examen.
Ich werde lernen, weil …

José se pone su camiseta favorita **porque** va a la fiesta de Luisa.
José zieht sein Lieblings-T-Shirt an, weil …

Como mañana tengo un examen voy a estudiar.
Da ich morgen …

Como va a la fiesta de Luisa José se pone su camiseta favorita.
Da er morgen …

Die Konjunktionen **porque** und **como** leiten einen Kausalsatz („Begründungssatz") ein.

Porque entspricht dem deutschen „weil" und **como** dem deutschen „da".
Como leitet immer einen Nebensatz ein, der vor einem Hauptsatz steht. **Porque** leitet immer einen Nebensatz ein, der nach einem Hauptsatz steht.

Stelle die Sätze so um, dass du **porque** mit **como** ersetzten musst und umgekehrt.

1. No puedo comer más porque ya no tengo hambre.
2. Como me gusta el mar voy a Mallorca en las vacaciones.
3. Juan practica mucho deporte porque quiere ser el primero.

Soluciones: 1. Como ya no tengo hambre no puedo comer más.
2. Voy a Mallorca en las vacaciones porque me gusta el mar.
3. Como Juan quiere ser el primero practica mucho deporte.

AMÉRICA LATINA

41 Der Begleiter mismo | El determinante mismo

Todos los años van al **mismo** hotel en la **misma** isla y tienen los **mismos** planes y hacen las **mismas** actividades.

Sing.	**el** mism**o** hotel	**la** mism**a** isla
Plural	**los** mism**os** planes	**las** mism**as** actividades

Vor dem Begleiter **mismo** steht immer ein bestimmter Artikel. **El mismo** entspricht dem deutschen „derselbe".

Die Endungen von **mismo** musst du immer dem Bezugsnomen anpassen.

Ergänze mit der passenden Form von **mismo** und dem dazugehörigen Artikel:

1. ¡Mira! Es [...] [...] chica que estuvo ayer en la fiesta.
2. En mi camino al instituto siempre veo [...] [...] casas.
3. El tío de Ana tiene [...] [...] coche que su padre.
4. ¡Siempre habláis de [...] [...] problemas!

Soluciones: 1. la misma 2. las mismas 3. el mismo 4. los mismos

42 Die Adverbien | Los adverbios

Adjektiv	Adverb
Diego es un chico **activo**.	Diego participa **activamente** en la clase.
Laura es **buena** cantante.	Laura canta muy **bien**.
Es un ejercicio **fácil**.	Hago **fácilmente** este ejercicio.
¡Es una casa **enorme**!	Esta casa me gusta **enormemente**.
	Esta casa es **enorme-mente** cara.
	La gente aquí vive **enormemente** bien.

Du weißt bereits, dass Adjektive Personen oder Dinge beschreiben.

Adverbien hingegen beschreiben meist Verben, aber auch Adjektive und andere Adverbien.

♂	♀		
activ**o**	activ**a**	→	activ**amente**
fantástic**o**	fantástic**a**	→	fantástic**amente**
! buen**o**	buen**a**	→	**bien**
! mal**o**	mal**a**	→	**mal**
enorme		→	enorme**mente**
difícil		→	difícil**mente**

Die sogenannten „abgeleiteten Adverbien" auf **-mente** kannst du von den Adjektiven herleiten. Das funktioniert so:

Bei den Adjektiven auf **–o/-a** hängst du an die weibliche Form Singular die Endung **-mente** an.
Eine Ausnahme bilden die Adjektive **bueno** und **malo**: Die dazugehörigen Adverbien **bien** und **mal** sind unregelmäßig.

Bei den Adjektiven auf **-e** (z. B. **enorme**) und den Adjektiven auf Konsonant (z. B. **fácil**) hängst du einfach nur die Endung **-mente** an.

¡Acuérdate!
Du kennst bereits die so genannten „natürlichen Adverbien" **bastante**, **tan**, **muy** und **mucho**, die du als Vokabeln gelernt hast:

Los amigos de Javi están **bastante** perplejos.
… ***ziemlich*** *erstaunt*
¡El chocolate no puede ser **tan** malo!
… ***so*** *schlecht*
Javi es un chico **muy** simpático.
… ***sehr*** *sympathisch*

Los libros me gustan **mucho**.
… *gefallen mir* ***sehr***
Paco habla **mucho**.
… *redet* ***viel***

Diese Adverbien geben den Grad einer Eigenschaft an.

Entscheide, ob ein Adjektiv oder ein Adverb fehlt und setze die passende Form ein:

1. Elena canta [•••]. (bueno)
2. Los chicos van [•••] a la piscina. (alegre)
3. ¡Es un dibujo [•••]! (fantástico)
4. Cecilia sabe dibujar [•••]. (fantástico)
5. Ana toca la guitarra [•••]. (perfecto)
6. Los alumnos no siempre están [•••]. (atento)
7. Mario se enfada [•••]. (fácil)
8. Los deberes no son [•••]. (fácil)

Soluciones: 1. bien 2. alegremente 3. fantástico 4. fantásticamente 5. perfectamente 6. atentos 7. fácilmente 8. fáciles

43 Der Bedingungssatz im Präsens | La oración condicional en presente

Si ves a Antonio, dile que mañana escribimos un examen.
Falls/Wenn du Antonio siehst, sage ihm, dass wir morgen eine Arbeit schreiben.

Mañana te llamo **si** tengo tiempo.
Ich rufe dich morgen an, falls/wenn ich Zeit habe.

Einen Bedingungssatz leitest du im Spanischen mit der Konjunktion **si** ein.

Si entspricht der deutschen Konjunktion „wenn / falls".

¡Llámame **si** tienes tiempo!
Ruf mich an, wenn (falls) du Zeit hast!

Ana siempre me llama **cuando** me ducho.
Ana ruft mich immer an, wenn ich gerade dusche.

Im Spanischen gibt es zwei Konjunktionen, um das deutsche „wenn" auszudrücken: **si** für eine Bedingung und **cuando** für eine zeitliche Beziehung (Gleichzeitigkeit). Achte deshalb besonders darauf, sie voneinander zu unterscheiden. Am einfachsten geht das, wenn du die „Falls-Probe" machst: Wenn du also für „wenn" auch „falls" sagen kannst, muss im Spanischen **si** stehen. Wenn das nicht funktioniert, muss **cuando** stehen.

Ergänze mit **si** oder **cuando**:

1. [...] Paco está mal no quiero hablar con nadie.
2. [...] quieres ir al cine esta tarde, llámame.
3. Ana todavía no sabe [...] mañana quiere ir a Madrid.
4. Luisa está muy contenta [...] ve a sus amigos.

Soluciones: 1. cuando 2. si 3. si 4. cuando

44 Die Fragewörter ¿por qué? und ¿para qué? | Los pronombres interrogativos ¿por qué? y ¿para qué?

– ¿**Por qué** has venido aquí?
– Porque el profe ha dicho que tengo que venir.

– ¿**Para qué** lees tanto?
– Para preparar el examen.

Mit **¿por qué?** fragst du nach einem Grund oder einer Ursache, mit **¿para qué?** nach einer Absicht oder einem Zweck. Das Fragewort **¿para qué?** kannst du mit „warum?" oder auch mit „wozu?" übersetzen.

45 Die Präpositionen desde, desde hace und hace | Las preposiciones desde, desde hace y hace

– ¿Cuándo viniste a Argentina?
– **Hace** dos años.
Vor zwei Jahren.

Die Präposition **hace** bezieht sich auf einen Zeitraum. Sie entspricht dem deutschen „vor".

– ¿Y cuánto tiempo llevas aquí en Ushuaia?
– Estoy viviendo aquí **desde hace** tres meses.
... seit drei Monaten.

Desde hace bezieht sich auch auf einen Zeitraum und entspricht dem deutschen „seit".

– ¿Y **desde** cuándo vas al colegio aquí?
– Pues **desde** el uno de septiembre.
... seit dem ersten September.

Auch die Präposition **desde** kannst du mit „seit" übersetzen. Sie bezieht sich aber auf einen Zeitpunkt.

Ergänze mit **desde**, **hace** und **desde hace**:

1. [...] su primer día en Madrid Ana está bien.
2. [...] tres meses Ana vino a Madrid.
3. [...] un mes Ana va a su nuevo instituto.
4. [...] cinco días Ana conoció a un chico muy simpático.

Soluciones: 1. desde 2. hace 3. desde hace 4. hace

46 Die Konjunktion tan … que | Die Konjunktion tan … que

Die Konjunktion **tan … que** entspricht dem deutschen „so … dass". Zwischen **tan** und **que** steht immer ein Adjektiv. Das ist im Deutschen genauso.

Übersetze:

1. Ich finde das Fest so lustig, dass ich gar nicht gehen möchte!
2. Dieses Buch erscheint mir so interessant, dass ich es lesen muss!
3. Diese Bonbons sind so süß, dass ich sie nicht essen kann!
4. Der Hund meiner Nachbarn ist so gefährlich, dass alle Angst haben.

Soluciones: 1. ¡La fiesta me parece tan divertida que no quiero irme!
2. ¡Este libro me parece tan interesante que lo tengo que leer!
3. ¡Estos caramelos son tan dulces que no los puedo comer!
4. El perro de mis vecinos es tan peligroso que todos tienen miedo.

ANEXO

DAS ALFABET | EL ALFABETO

a	[ɑ]	j	[xota]	r	[erre]
b	[be]	k	[ka]	s	[ese]
c	[θe]	l	[ele]	t	[te]
ch	[tʃe]	ll	[eʎe]	u	[u]
d	[de]	m	[eme]	v	[uβe]
e	[e]	n	[ene]	w	[uβe doble]
f	[efe]	ñ	[eɲe]	x	[ekis]
g	[xe]	o	[o]	y	[iɣrjeɣa]
h	[atʃe]	p	[pe]	z	[θeta]
i	[i]	q	[ku]		

DIE ZEICHEN IM SATZ | Los signos de puntuación

Esta noche hay una fiesta en el Barrio San Blas. Elena lee un e-mail de los chicos con una idea genial**:** quieren llevar ropa original y divertida.
Sarah lleva unas gafas de sol muy grandes y muy **«**monas**»**, como dice ella. Javi **…** pues Javi lleva ropa negra. **¡**Mola mucho**!** **–** dicen Sarah y Esteban. Elena quiere llevar una falda verde**,** una **g**orra verde y unas zapatillas verdes **(**a ella le gusta mucho el color verde**)**; pero no sabe d**ó**nde está la falda.
«**¿**Qué hago**?**», piensa Elena. Su madre, que está en el baño, tampoco sabe**.**

LA MAYÚSCULA – el guión – los dos puntos – las comillas – los puntos suspensivos – los signos de exclamación – el guión largo – la coma – la minúscula – los paréntesis – el punto y coma – el acento ortográfico o la tilde – los signos de interrogación – el punto – la tilde

AUSSPRACHE UND BETONUNG | La pronunciación y la acentuación

1 Aussprache | La pronunciación

Die Aussprache ist im Spanischen sehr regelmäßig. Einige Buchstaben oder Buchstabenkombinationen werden aber anders ausgesprochen als im Deutschen.

Konsonanten

Barcelona, **V**alencia	mit ganz weichem **b**, das fast wie ein **w** klingt. Bei der Aussprache ist zwischen beiden Konsonanten kein Unterschied zu hören.
la **c**asa, **c**on	vor **a**, **o** und **u** wie **k** in *kilo*
el **c**entro, de**c**ir	vor **e** und **i** wie **th** im englischen *bath*
charlar, el **ch**ico	wie **tsch** in *klatschen*
genial, la **g**imnasia[1], el **g**ato	vor **e** und **i** wie **ch** in *machen* – vor allen anderen Buchstaben wie ein deutsches **g**
el **h**ambre, el **h**elado	wird nicht ausgesprochen
el **j**amón, el **j**ueves	wie **ch** in *machen*
llamar, **ll**evar	wie **lj** in *Schu**lj**ahr*
que	wie **k** in *kilo*
el **r**atón, pe**r**o	wird gerollt
el pe**rr**o	wird länger gerollt als das einfache **r**
y, vo**y**	alleinstehend und am Wortende wie **i**
ya, **y**o	am Wortanfang und im Wort wie **j** in *Jacke*
el **z**apato, el **z**umo	wie das englische **th** in *bath*

Vokale

b**ie**n, tamb**ié**n	**I** und **e** bilden einen einsilbigen Doppellaut (Diphthong), wobei du das **e** betonen musst. **Ie** klingt dann wie **je** in *Jens*.
el **eu**ro	**E** und **u** bilden einen einsilbigen Doppellaut (Diphthong), wobei du das **e** betonen musst. Das klingt dann ein bisschen wie *Dr**ehu**ng*.
b**ai**lar, b**ue**no, p**ue**do,	**a**, **e** und **o** in Verbindung mit einem **i** oder **u** bilden einen Doppellaut (Diphthong) und werden als eine Silbe gesprochen.
el mus**eo**, el t**ea**tro	Sind zwei aufeinander folgende Vokale **a**, **e** oder **u**, so bilden sie zwei Silben (mu-se-o, te-at-ro).

1 la gimnasia *die Gymnastik*

2 Betonung und Akzent | La acentuación

mo-men-to
di-cen
tra-ba-ja-mos

Wörter, die auf Vokal, **-n** oder **-s** enden, werden auf der vorletzten Silbe betont.

tra-ba-jar
vol-ver
ar-roz

Wörter, die auf Konsonant enden (außer **-n** und **-s**!) werden auf der letzten Silbe betont.

mó-vil
fá-cil
tam-bién

Gibt es einen Akzent, wird immer die Silbe betont, in der sich der Akzent befindet.

¡Qué palo!
¡Qué bueno!
¿Adónde vas?
¿Qué lees?
¿Cuándo vuelves?

¿QUIÉN?

¡Qué fácil! Ausrufewörter und Fragewörter haben immer einen Akzent!

pa-na-de-rí-a
rí-o

! Wenn **í** vor einem Vokal einen Akzent trägt, wird es als eine ganze Silbe gesprochen.

ja-món / ja-mo-nes
ex-a-men / ex-á-me-nes

! Bei einigen Wörtern fällt der Akzent im Plural weg oder es wird einer hinzugefügt.

fácil / fácilmente,
difícil / difícilmente

! Bei den abgeleiteten Adverbien bleibt der Akzent des ursprünglichen Adjektivs erhalten.

DIE SPANISCHEN ZAHLEN | Los números en español

Die Grundzahlen | Los números cardinales

0	cero	18	dieciocho	101	cien**to** uno/-a, un
1	uno, una, un	19	diecinueve	135	cien**to** treinta y cinco
2	dos	20	veinte	200	*doscientos/-as*
3	tres	21	veintiuno/-a, -ún	300	*trescientos/-as*
4	cuatro	22	veintidós	400	*cuatrocientos/-as*
5	cinco	23	veintitrés	500	quinientos/-as
6	seis	26	veintiséis	600	*seiscientos/-as*
7	siete	30	treinta	700	*setecientos/-as*
8	ocho	31	treinta y uno/-a, y un	800	ochocientos/-as
9	nueve	32	treinta y dos	900	*novecientos/-as*
10	diez	33	treinta y tres		
11	once	40	cuarenta	1 000	*mil*
12	doce	50	cincuenta	2 000	*dos mil*
13	trece	60	**ses**enta	10 000	*diez mil*
14	catorce	70	**set**enta	100 000	*cien mil*
15	quince	80	ochenta	200 000	*doscientos/-as mil*
16	dieciséis	90	**no**venta	500 000	*quinientos/-as mil*
17	diecisiete	100	ciento, cien	1 000 000	un millón
				2 000 000	dos millones

Die Jahreszahlen | La fecha

Anders als im Deutschen werden im Spanischen die Jahreszahlen ab 1000 in Tausenderschritten angeben:
1992 mil novecientos noventa y dos
2005 dos mil cinco
Um eine Jahreszahl als Datum anzugeben, benutzt man die Präposition en:
Mi hermano nació **en** 1992 (mil novecientos noventa y dos).

Die Ordnungszahlen | Los números ordinales

1º	el primero	1ª	la primera	! el primer piso
2º	el segundo	2ª	la segunda	
3º	el tercero	3ª	la tercera	! el tercer piso
4º	el cuarto	4ª	la cuarta	
5º	el quinto	5ª	la quinta	
6º	*el sexto*	6ª	*la sexta*	
7º	*el séptimo*	7ª	*la séptima*	
8º	*el octavo*	8ª	*la octava*	
9º	*el noveno*	9ª	*la novena*	
10º	*el décimo*	10ª	***la décima***	

DIE VERBEN | Los verbos

Hier findest du die Konjugationen oder Konjugationsmuster aller Verben, die du in **¡Apúntate! 1** und **2** gelernt hast.

1 Die Hilfsverben | Los verbos auxiliares

infinitivo	ser	estar	haber
presente	**soy** **eres** **es** **somos** **sois** **son**	**estoy** estás está estamos estáis están	**he** **has** **ha** hay **hemos** habéis **han**
pretérito indefinido	**fui** **fuiste** **fue** **fuimos** **fuisteis** **fueron**	**estuve** **estuviste** **estuvo** **estuvimos** **estuvisteis** **estuvieron**	**hube** **hubiste** **hubo** **hubimos** **hubisteis** **hubieron**
imperativo	**sé**, **sed**	está, estad	
gerundio	siendo	estando	habiendo
participio	sido	estado	habido

2 Die regelmäßigen Verben auf -ar/-er/-ir | Los verbos regulares en -ar/-er/-ir

infinitivo	charlar	comer	vivir
presente	charlo charlas charla charlamos charláis charlan	como comes come comemos coméis comen	vivo vives vive vivimos vivís viven
pretérito indefinido	charlé charlaste charló charlamos charlasteis charlaron	comí comiste comió comimos comisteis comieron	viví viviste vivió vivimos vivisteis vivieron
imperativo	charla, charlad	come, comed	vive, vivid
gerundio	charlando	comiendo	viviendo
participio	charlado	comido	vivido

! **tocar:** *indefinido:* to**qu**é *ebenso:* **buscar**, **explicar**, **practicar**, **sacar**, **significar**
! **apagar:** *indefinido:* apa**gu**é *ebenso:* **pagar**, **pegar**
! **cruzar:** *indefinido:* cru**c**é *ebenso:* **organizar**

! **creer:** *indefinido:* cre**y**ó, cre**y**eron, *gerundio:* cre**y**endo
! **leer:** *indefinido:* le**y**ó, le**y**eron, *gerundio:* le**y**endo

! **salir:** sal**g**o, sales, … *imperativo:* **sal**
! **abrir:** *participio:* ab**ierto**
! **escribir:** *participio:* escri**to**
! **descubrir:** *participio:* descub**ierto**

3 Die Gruppenverben | Los grupos de verbos

3.1 Verbos con diptongación: e → ie

infinitivo	**pensar**	**entender**
presente	p**ie**nso p**ie**nsas p**ie**nsa pensamos pensáis p**ie**nsan	ent**ie**ndo ent**ie**ndes ent**ie**nde entendemos entendéis ent**ie**nden
pretérito indefinido	pensé pensaste pensó pensamos pensasteis pensaron	entendí entendiste entendió entendimos entendisteis entendieron
imperativo	p**ie**nsa, pensad	ent**ie**nde, entended
gerundio	pensando	entendiendo
participio	pensado	entendido

ebenso: **cerrar**, **empezar**, **apretar**, **sentarse**

! **empezar:** *indefinido:* empe**c**é

! **fregar:** *indefinido:* fre**gu**é

ebenso: **defenderse**, **perder**, **encender**

! **preferir:** *indefinido:* pref**i**rió, pref**i**rieron

! **querer:** *indefinido:* qu**is**e, qu**is**iste …

! **sentir:** *indefinido:* s**i**ntió, s**i**ntieron

! **tener:** ten**go**, t**ie**nes …, *imperativo:* **ten**, *indefinido:* t**uv**e, t**uv**iste …

3.2 Verbos con diptongación: o → ue

infinitivo	**encontrar**	**mover**
presente	enc**ue**ntro enc**ue**ntras enc**ue**ntra encontramos encontráis enc**ue**ntran	m**ue**vo m**ue**ves m**ue**ve movemos movéis m**ue**ven
pretérito indefinido	encontr**é** encontr**aste** encontr**ó** encontr**amos** encontr**asteis** encontr**aron**	moví moviste movió movimos movisteis movieron
imperativo	enc**ue**ntra, encontrad	m**ue**ve, m**o**ved
gerundio	encontrando	moviendo
participio	encontrado	movido

ebenso: **contar**, **acordarse**, **comprobar**, **contar**, **costar**, **mostrar**, **sonar**

! **colgar:** *indefinido:* col**gu**é

ebenso: **doler**, **llover**

! **poder:** *indefinido:* p**u**de, p**u**diste …

! **torcer:** tuer**z**o

! **volver:** *participio:* **vuelto**

3.3 El verbo jugar: u → ue

infinitivo	**jugar**
presente	**jue**go **jue**gas **jue**ga jugamos jugáis **jue**gan
pretérito indefinido	ju**gu**é jugaste jugó jugamos jugasteis jugaron
imperativo	**jue**ga, jugad
gerundio	jugando
participio	jugado

3.4 Verbos con debilitación vocálica: e → i

infinitivo	**seguir**
presente	s**i**go s**i**gues s**i**gue seguimos seguís s**i**guen
pretérito indefinido	seguí seguiste s**i**guió seguimos seguisteis s**i**guieron
imperativo	s**i**gue, seguid
gerundio	s**i**guiendo
participio	seguido

ebenso: **pedir, repetir**

3.5 Verbos de tipo conocer: c → zc

infinitivo	**conocer**
presente	cono**zc**o conoces conoce conocemos conocéis conocen
pretérito indefinido	conocí conociste conoció conocimos conocisteis conocieron
imperativo	conoce, conoced
gerundio	conociendo
participio	conocido

ebenso: **nacer, parecer**

4 Die unregelmäßigen Verben | Los verbos irregulares

infinitivo	decir	hacer	ir
presente	**digo** d**i**ces d**i**ce decimos decís d**i**cen	**hago** haces hace hacemos hacéis hacen	**voy** **vas** **va** **vamos** **vais** **van**
pretérito indefinido	d**ij**e d**ij**iste d**ij**o d**ij**imos d**ij**isteis d**ij**eron	h**i**ce h**i**ciste h**iz**o h**i**cimos h**i**cisteis h**i**cieron	f**ui** f**ui**ste f**ue** f**ui**mos f**ui**steis f**ue**ron
imperativo	d**i,** decid	**haz**, haced	**ve, id**
gerundio	d**i**ciendo	haciendo	**yendo**
participio	**dicho**	**hecho**	**ido**

infinitivo	saber	venir	ver
presente	**sé** sabes sabe sabemos sabéis saben	**vengo** **vienes** **viene** venimos venís **vienen**	veo **ves** **ve** **vemos** **veis** **ven**
pretérito indefinido	**sup**e **sup**iste **sup**o **sup**imos **sup**isteis **sup**ieron	v**i**ne v**i**niste v**i**no v**i**nimos v**i**nisteis v**i**neron	v**i** v**i**ste v**i**o v**i**mos v**i**steis v**i**eron
imperativo	sabe, sabed	ven, venid	ve, ved
gerundio	sabiendo	v**i**niendo	v**ie**ndo
participio	sabido	venido	visto

infinitivo	**caerse**	**dar**	**oír**
presente	me cai**g**o te caes se cae nos caemos os ca**é**is se caen	d**oy** das da damos dais dan	oi**g**o o**y**es o**y**e oímos oís o**y**en
pretérito indefinido	me ca**í** te ca**í**ste se ca**y**ó nos ca**í**mos os ca**í**steis se ca**y**eron	d**i** d**i**ste d**i**o d**i**mos d**i**steis d**i**eron	o**í** o**í**ste o**y**ó o**í**mos o**í**steis o**y**eron
imperativo	cae, caed	da, dad	o**y**e, oíd
gerundio	ca**y**endo	dando	o**y**endo
participio	ca**í**do	dado	oído

infinitivo	**poner**	**soneír**	**traer**
presente	pon**g**o pones pone ponemos ponéis ponen	sonrío sonríes sonríe sonreímos sonreís sonríen	tra**ig**o traes trae traemos traéis traen
pretérito indefinido	**pus**e **pus**iste **pus**o **pus**imos **pusis**teis **pus**ieron	sonre**í** sonre**í**ste sonr**i**ó sonre**í**mos sonre**í**steis sonr**i**eron	tra**j**e tra**j**iste tra**j**o tra**j**imos tra**j**isteis tra**j**eron
imperativo	pon, poned	sonríe, sonreíd	trae, traed
gerundio	poniendo	sonriendo	tra**y**endo
participio	**puesto**	sonreído	tra**í**do

ebenso: **reír**

GRAMMATISCHE BEGRIFFE

el	**adjetivo**	Eigenschaftswort, Adjektiv	**grande**, **bueno**, **interesante**
el	**adverbio**	Adverb	cantar **bien**, **enormemente** caro
el	**artículo determinado**	bestimmter Artikel	**el** móvil, **las** chicas
el	**artículo indeterminado**	unbestimmter Artikel	**un** chico, **una** amiga, **unas** gafas
	cantidades	Mengenangaben	**un poco de** arroz, **un litro de** leche
la	**colocación**	Stellung	
el	**comparativo**	Komparativ	**más** alegre **que**, **menos** alto que
el	**complemento directo**	direktes Objekt; Akkusativobjekt	Veo **la casa**. Elena busca **a Pedro**.
el	**complemento indirecto**	indirektes Objekt; Dativobjekt	Le escribo **a Juan**.
la	**conjunción**	Konjunktion; Bindewort	Ana **y** Javi, **pero**, **porque**
la	**consonante**	Mitlaut; Konsonant	**b**, **c**, **l**, **r**
el	**determinante**	Begleiter	**mucho** dinero, **ese** libro
el	**determinante demostrativo**	hinweisender Begleiter; Demonstrativbegleiter	**este** chico, **esa** chica
el	**determinante indefinido**	unbestimmter Begleiter; Indefinitbegleiter	**mucho** dinero, **poca** comida
la	**determinante posesivo**	besitzanzeigender Begleiter; Possessivbegleiter	**mi** hermano, **nuestro** colegio
el	**diptongo**	Doppellaut, Diphtong	bu**e**no, b**ai**lar
	femenino	feminin, weiblich	**la chica**
el	**estilo indirecto**	indirekte Rede	**Dice que** no puede venir.
el	**futuro inmediato**	unmittelbares Futur	**voy a** estudiar
el	**género**	Geschlecht	**la** chic**a**, **el** móvil
el	**gerundio**	Verlaufsform	**trabajando**, **escribiendo**
el	**imperativo**	Befehlsform; Imperativ	¡**trabaja**!, ¡**trabajad**!
los	**indicadores temporales**	Zeitangaben	**hasta** las cuatro, **durante** el día
el	**infinitivo**	Grundform (des Verbs); Infinitiv	**llegar**, **vivir**
	masculino	maskulin; männlich	**el** trabaj**o**
la	**negación**	Verneinung	**no** trabaja, **No** pasa **nada**.
el	**número ordinal**	Ordnungszahl	el **primer** día, la **cuarta**
la	**oración condicional**	Bedingungssatz	**Si** hace buen tiempo voy a salir.
la	**oración relativa**	Relativsatz	La chica **que** entra se llama Marta.
el	**participio**	Partizip	**trabajado**, **hecho**
el	**plural**	Mehrzahl; Plural	**los** amigo**s**, **las** casa**s**
la	**preposición**	Verhältniswort; Präposition	**a**, **de**, **para**, **delante de**
el	**pretérito indefinido**	Indefinido (Vergangenheitsform)	Ayer Pia **trabajó** mucho.
el	**pretérito perfecto**	Perfekt	**he trabajado**, **han estado**
el	**presente**	Gegenwart, Präsens	Hoy, ella **escribe** una carta.
el	**pronombre de complemento directo**	direktes Objektpronomen, „Akkusativpronomen"	¿Y Ana? No **la** veo.

el	**pronombre de complemento indirecto**	indirektes Objektpronomen, „Dativpronomen“	Ana **le** escribe a Puri.
el	**pronombre interrogativo**	Fragewort; Interrogativpronomen	¿**Dónde** vives?, ¿**Cuánto** dinero tienes?
el	**pronombre personal**	Personalpronomen	**yo**, **tú**, **nosotros/-as**
el	**pronombre sujeto**	Subjektpronomen	**yo**, **tú**, **nosotros/-as**
el	**pronombre reflexivo**	Reflexivpronomen	**me** quejo, **nos** acordamos
el	**pronombre relativo**	Relativpronomen	**que**
el	**singular**	Einzahl; Singular	**una** herman**a**, **un** profes**or**
el	**superlativo**	Superlativ	**el** chico **más alto**
el	**superlativo absoluto**	absoluter Superlativ	una ciudad **grandísima**
el	**sustantivo**	Nomen; Substantiv	el **hermano**
el	**verbo**	Zeitwort; Verb	**comer**; **estudiar**
el	**verbo auxiliar**	Hilfsverb	**haber**, **ser**, **estar**
el	**verbo modal**	Modalverb	**poder** hablar, **tener que** estudiar
el	**verbo reflexivo**	reflexives Verb, rückbezügliches Verb	Marta **se sienta**.
la	**vocal**	Selbstlaut; Vokal	**a**, **e**, **i**, **o**, **u**

INDEX | Índice

¡Apúntate! 2
Lehrwerk für Spanisch als zweite Fremdsprache
Grammatikheft

Im Auftrag des Verlages erarbeitet von
Joachim Balser
und dem Verlagsbereich Fremdsprachen in der Schule:
Marit Reifenstein
Projektleitung: Heike Malinowski
Beratende Mitwirkung: Dr. Barbara Köberle

Illustrationen: Joachim Balser
Umschlagfoto: © Lucentum digital
Gesamtgestaltung und technische Umsetzung: werkstatt für gebrauchsgrafik, Berlin

Materialien zu ¡Apúntate! 2:
Schülerbuch ISBN 978-3-06-020572-1
Vokabeltaschenbuch ISBN 978-3-06-020578-3
Cuaderno de ejercicios ISBN 978-3-06-020573-8
Mi cuaderno de gramática ISBN 978-3-06-020595-0
Audio-CD ISBN 978-3-06-020576-9
Handreichungen für den Unterricht ISBN 978-3-06-020577-6
Folien ISBN 978-3-06-020603-2

www.cornelsen.de

1. Auflage, 5. Druck 2015

Druck: Stürtz GmbH, Würzburg

ISBN 978-3-06-020575-2